Readings and Exercises in Latin Prose Composition

From Antiquity to the Renaissance

Milena Minkova and Terence Tunberg

Saepe Stilum Vertas

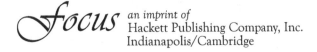
focus an imprint of
Hackett Publishing Company, Inc.
Indianapolis/Cambridge

Readings and Exercises in Latin Prose Composition
From Antiquity to the Renaissance
Copyright © 2004 Milena Minkova and Terence Tunberg

Previously published by Focus Publishing/R. Pullins Company

Focus an imprint of
Hackett Publishing Company

P.O. Box 44937
Indianapolis, Indiana 46244-0937
www.hackettpublishing.com

ISBN 13: 978-1-58510-090-3

18 17 16 15   10 11 12 13

TABLE OF CONTENTS

PREFACE

General approach:

This book is an anthology of Latin texts with exercises in Latin Prose Composition. The exercises are not translations from English, but are closely joined with the process of reading and understanding Latin. We believe that learners who must think in Latin while they compose will acquire the ability to compose Latin more rapidly and effectively than those who are asked to convert thoughts communicated in another language into Latin words and phrases. Translators of English (for example) into Latin are forced to think first in English and then search for Latin equivalents. In this book the composition process is always from Latin to Latin.

Those who compose in Latin, especially with Latin texts as a starting point, will return to the reading of any Latin text with greater ease and more profound comprehension. Our book is perhaps especially appropriate for advanced undergraduates or graduate students, but there is no reason why it should not be useful for students of any age who are ready to embark on their first formal course in writing Latin prose.

How to use this book:

In the beginning of each chapter, we provide substantial excerpts from works of Latin literature. The readings are drawn from many genres and periods extending from the early Roman republic to the Renaissance, a time span of nearly 1,700 years. We believe that students who learn Latin should realize from the start that they have access to any part of this immense tradition, and learn something about its primary monuments and authors in many periods. Latin has the great advantage that it changed far, far less in such a vast space of time than any European vernacular in a much shorter period (compare, for example, the English of Chaucer and Dickens, whose lives were separated by about 500 years). Readers of this text, therefore, are always confronted with the boundless cultural richness of the Latin tradition, and have a range of subjects for composition not restricted to the somewhat limited social and political world of Cicero and his contemporaries. But our anthology is not a historical manual on the evolution of Latin prose style, nor is it ordered in a strictly chronological way. The grammatical norms upon which the exercises are based — our manual being an introduction to prose writing — always reflect the classical usage of Caesar and Cicero, with a few other constructions typical of Livy, nor do we ask the reader to attempt to imitate other styles. We provide no grammatical commentary on the readings. Students should approach the readings in the same way as they would undertake the reading of a Latin author in a standard modern edition, such as those in the Teubner or Oxford series, and be prepared to have recourse to a good lexicon where necessary. Notes on the vocabulary of the readings are very sparse, and restricted to those words which do not appear in the large dictionary by Lewis and Short.

From these readings comes the subject matter for the exercises in each chapter. The exercises consist of Latin words, phrases, sentences, and paragraphs which must be re-worked into other forms. The reader must complete incomplete thoughts, correct incorrect phrases, answer questions, the responses to which require certain constructions, change the point-of-view of entire passages, etc. Just as the subject matter of each exercise is nearly always related to the reading passages in the chapter, so also each exercise is concerned in some way with the constructions and grammatical principles featured in the same chapter. Our strategy is to provide a very wide variety of exercises, some of which are quite closely adapted to the type of material treated in each chapter. Hence the typology of exercises varies somewhat from chapter to chapter. The reader will get plenty of practice, if s/he does all the exercises.

At the end of each chapter there is a brief series of exercises in free composition. These exercises are quite unconnected with the readings in each chapter, nor do they necessarily relate to the grammatical principles highlighted in the chapter. The purpose of these exercises is to offer the learner a brief change of pace, an opportunity for greater freedom of expression, a chance to deploy not only imagination, but whatever resources of language s/he may have acquired up to that point. Each exercise in free composition consists of an assignment to write one or two short paragraphs. Each paragraph is to be constructed around either a series of Latin phrases pertaining to typical thought processes and actions, or a Latin proverb. In each case we provide the beginning of the paragraph, consisting of a sentence or two. The learner must complete the paragraph. The phrases and proverbs, which must be incorporated into each paragraph, have been adapted from 'De copia' and 'Adagia', collections of classical Latin sayings by the great humanist Desiderius Erasmus of Rotterdam.

We wanted the whole of each chapter to be devoted to copious readings and exercises based upon them. Because abstract grammatical rules have been well treated in other books, we saw no need to repeat them here. Therefore, in the beginning of each chapter, readers of our book are referred to the relevant sections of several descriptive grammatical manuals, in which the necessary principles for each of our chapters are treated thoroughly. Here are the descriptive texts that may be used together with this book:

Allen and Greenough's New Latin Grammar, Newburyport MA, 2001 (based on 1903 revision of 1888 edition) (a very complete and useful reference work).

'Bradley's Arnold' Latin Prose Composition, London, 2001 (facsimile of 1984 edition) (grammatical principles are lucidly explained in many of the chapters).

M. Minkova, *Introduction to Latin Prose Composition*, London 2001(the theoretical principles of Latin expression are presented here in a progression and order similar to the one used in this book of exercises).

Milena Minkova wrote chapters I, III, IV, IX, XII, XIV, XV, XVII, XVIII, XXI, XXIV, XXV, and Terence Tunberg chapters II, V, VI, VIII, X, XI, XIII, XVI, XIX, XX, XXIII, together with the appendix. Both authors together composed chapters VII and XXII. But each always benefited greatly from the other's support, ideas, and advice in the composition of every part of the book.

We would like to thank all the students who have used this book with us and have contributed to a more emended version of the text by offering their remarks and suggestions. Special thanks are due to Joseph Tipton, who carefully proofread the whole work.

M.M. and T.T.
Lexington, KY 2003

1

The structure of the simple sentence

Active and passive voice; deponent verbs; impersonal verbs; copula and predicate nominative. Subject, direct object, indirect object, modifier. Agreement of the verb and the subject. Agreement of adjectives, pronouns and participles. Adverbs.

Reading: Livy, Ab urbe condita, III, 26.

(Allen and Greenough, 158-191; Bradley's Arnold, 1-14, 36-37, 49-53, 55-57)

1.1 Carefully read the following text by Livy.

Livy (50 B.C.-17 A.D.) is the greatest Roman historian of the Augustan period. His history entitled *Ab Urbe condita* is a monumental epic in prose singing the glory of Rome. Only parts of the 142 books have come down to us (books 1-10, covering up to 293 B.C.; books 21-45, covering from 219 B.C. to 167 B.C.; a fragment of book 91, about 80 B.C.). In the following passage, Livy offers a sample of Roman virtue in the persona of Cincinnatus.

Liv. III, 26

...... Nautium consulem arcessunt. In quo cum parum praesidii videretur dictatoremque dici placeret qui rem perculsam restitueret, L. Quinctius Cincinnatus consensu omnium dicitur. Operae pretium est audire qui omnia prae divitiis humana spernunt neque honori magno locum neque virtuti putant esse, nisi ubi effuse affluant opes. Spes unica imperii populi Romani, L. Quinctius trans Tiberim, contra eum ipsum locum ubi nunc navalia sunt, quattuor iugerum colebat agrum, quae prata Quinctia vocantur. Ibi ab legatis—seu fossam fodiens palae innixus, seu cum araret, operi certe, id quod constat, agresti intentus—salute data in vicem redditaque rogatus ut, quod bene verteret ipsi reique publicae, togatus mandata senatus audiret, admiratus rogitansque 'satin salve?' togam propere e tugurio proferre uxorem Raciliam iubet. Qua simul absterso pulvere ac sudore velatus processit, dictatorem eum legati gratulantes consalutant, in urbem vocant; qui terror sit in exercitu exponunt. Navis Quinctio publice parata fuit, transvectumque tres obviam egressi filii excipiunt, inde alii propinqui atque amici, tum patrum maior pars. Ea frequentia stipatus antecedentibus lictoribus deductus est domum. Et plebis concursus ingens fuit; sed ea nequaquam tam laeta Quinctium vidit, et imperium nimium et virum ipso imperio vehementiorem rata. Et illa quidem nocte nihil praeterquam vigilatum est in urbe.

1.2 **Summarize the story that you just read within fifteen simple sentences.**

You will find the necessary material for the construction of these sentences in the columns below. The verbs needed for each sentence are in the first column; the subjects are in the second; the direct objects are in the third; the indirect objects are in the fourth; the modifiers are in the fifth column. Every row contains the material for one sentence. All the verbs should be put in the present tense. Where necessary, a double accusative is to be used.

Example:

verbs	subjects	direct objects	indirect objects	modifiers
annuntio	legati	decreta	Cincinnatus	Romani

Legati Romanorum decreta Cincinnato annuntiant.

	verbs	subjects	direct objects	indirect objects	modifiers
a.	nomino	Romani	Cincinnatus dictator		
b.	colo	Cincinnatus	ager		quattuor iugera
c.	aro		solum		
d.	fodio		fossa		
e.	saluto	legati	Cincinnatus		
f.	exopto	legati	omnia bona	Cincinnatus	

	verbs	subjects	direct objects	indirect objects	modifiers
g.	resaluto	Cincinnatus	legati		
h.	annuntio	legati	decreta	Cincinnatus	Romani
i.	affero	uxor	toga	maritus	Cincinnatus
j.	abstergeo	Cincinnatus	pulvis		
k.	velo	sudor	Cincinnatus		
l.	abeo	Cincinnatus dictator			
m.	antecedo	lictores			
n.	exspecto	filii propinqui amici patres	dictator		
o.	non gaudeo	plebs			

1.3 Now, when you have your fifteen sentences, change the voice from active into passive. Other elements of the sentences will also have to be changed accordingly. Remember that intransitive verbs do not have a passive voice. Therefore, sentences in which such forms are found will not be changed.

1.4 In four of the sentences written in exercise 1.2., substitute a deponent verb in the place of the non-deponent one. The four deponent verbs to be used are *praestolor, proficiscor, ominor, laetor.*

1.5 In the following list there are adjectives, pronouns and participles. This list follows the order of the fifteen sentences written in exercise 1.2. Add each adjective, pronoun, or participle to an appropriate noun in the corresponding sentence.

a.	probus	f.	idem	k.	emissus
b.	ille	g.	salutans	l.	novus
c.	pulvereus	h.	audiens	m.	appositus
d.	latus	i.	praetextus	n.	quidam
e.	missus	j.	collectus	o.	creber

1.6   In the following list are fifteen adverbs that are to be added to the fifteen
      sentences written in exercise 1.2. The order of this list does not correspond
      to the order of sentences in exercise 1.2. You should add each adverb to the
      sentence in which it would fit best. Some adverbs could be added to more than
      one sentence.

attente	graviter	sedulo
avide	laboriose	sollemniter
comiter	officiose	statim
contra	operose	ubique
e more	propere	unanimiter

1.7   From the elements provided below, write sentences in which there is a copula
      and a predicate nominative.

      Example:

      caecus   fortuna   esse
      Fortuna est caeca.

      a.   spes   populus Romanus   Cincinnatus   unus   esse
      b.   imperium   Cincinnatus   nimium   videri
      c.   Cincinnatus   dictator   vehementissimus exstare

1.8   Change the following sentences so that the main verb becomes impersonal.
      Other changes will also be necessary to ensure that the sentences make sense.

      Example:

      Homines undique Cincinnato gratulandi causa veniunt.
      Undique Cincinnato gratulandi causa venitur.

      a.   Viri mulieresque huc atque illuc tumultuantes eunt.
      b.   Plebs non gaudet.
      c.   Omnes per totam noctem vigilaverunt.
      d.   Nullis militibus nocuit Cincinnatus.
      e.   Contra Gallos ferociter pugnaverunt.

1.9   Change the infinitives that are in parentheses into participles. Choose the
      appropriate tense, voice, case, gender and number, according to the meaning of
      the sentence.

      (hortari) _____ uxorem ut togam proferret Romamque (proficisci)
      _____ amicis vale dixit Cincinnatus. Qui togatus Romam tandem
      advenit, mandata senatus (audire) _____ A senatoribus (arcessere)
      _____ Cincinnatus dictaturam accepit. Re publica (tueri)_____
      Cincinnatus gloriam adeptus est sempiternam.

Latin expressions for good luck

> Bene vertat.
> Sit felix, faustum bonumque.
> Feliciter cedat nobis omnibus.
> Prospere succedat quod agis.
> Ex animi sententia procedat quod aggressus es.
> Faxint superi ut alba tibi contingant omnia.
> O si res ita ut volumus nobis eveniat.
> Precor ut tibi secunda occurrant omnia.

Free composition

Write a brief paragraph in which at least two of the above expressions are employed. This should be the beginning of the paragraph:

Ultimo anni praeteriti die omnes amici montes petiveramus. Cum media nox iam appropinquaret, in tugurio sedentes...

Latin proverb

> De lana caprina (Horace, *Epistulae*, 1, 18, 15)

Literally, it means 'about goat's wool'. It is used to denote people discussing things of no relevance.

Free composition

Write a short composition exemplifying the use of this proverb. This should be the beginning of the paragraph:

Arta amicitia cum homine mihi caro antea coniungebar quam nuper amisi. Nam quodam die in rixam haud magni momenti sumus inducti...

2

Word order

General tendencies. The position of the subject, the direct object, the indirect object, other complements; adjectives; appositions; modifiers; adverbs; pronouns. Some special uses.

Readings: Cicero, Tusculanae disputationes, III, 14; II, 58.

(Allen and Greenough, 382-388; Bradley's Arnold, 16-20; Minkova, 98-112)

2.1 Carefully read the text below.

Marcus Tullius Cicero (106 B.C. - 43 B.C.) is considered the creator of classical Latin prose, and the most perfect Latin stylist. In *Tusculanae disputationes*, some important philosophical themes of Cicero's time are discussed. Cicero himself is an eclectic, whose philosophical thought is not distinguished for its theoretical originality, but for the practicality of its moral advice.

Cic. Tusculanarum disputationum III, 14

Qui fortis est, idem est fidens... Qui autem est fidens, is profecto non extimescit; discrepat enim a timendo confidere. Atqui, in quem cadit aegritudo, in eundem timor; quarum enim rerum praesentia sumus in aegritudine, easdem impendentes et venientes timemus. Ita fit ut fortitudini aegritudo repugnet. Veri simile est igitur, in quem cadat aegritudo, cadere in eundem timorem et infractionem quidem animi et demissionem. Quae in quem cadunt, in eundem cadit ut serviat, ut victum, si quando, se esse fateatur. Quae qui recipit, recipiat idem necesse est timiditatem et ignaviam; non cadunt autem haec in virum fortem; igitur ne aegritudo quidem. At nemo sapiens nisi fortis; non cadet ergo in sapientem aegritudo.

2.2 **Change the sentences in the paragraph above according to the following instructions:**

a. Add 'igitur' to the first sentence.

b. Add 'magnopere' to the second sentence (before the semicolon).

c. In the third sentence, put emphasis on the words 'impendentes et venientes'.

d. Add to the fourth sentence '-que' and 'virtuti'.

e. Add to the sixth sentence 'hominibus aliis' and 'ab aliis'.

f. In the seventh sentence, remove the emphasis from the verb 'recipiat'.

2.3 **Use the words in parentheses to complete the sentences below. The position of some words will have to be adjusted.**

a. Fidentissimus extimescit (quisque nihil)

b. Timor non vacat (aegritudine ab)

c. Timor et aegritudo iunguntur (natura)

d. Homines non timent (aegritudines fortes impendentes)

e. Multi de fortitudine scripserunt (multa philosophorum)

f. Aegritudines similes (timori sunt nostrae)

g. Hic motus est proprius (philosophi non animi)

h. Philosophi docent (nos demissione animi de)

i. Philosophi res neglegunt (familiares hi)

j. Socrates demissionem non sentiebat (philosophus animi clarissimus)

k. Socrates de animo multa docebat: Aristoteles scientiae studiosus erat (ille eiusdem quoque)

2.4 **Carefully read the text below.**

Cic. Tusculanarum disputationum II, 58

..... Ad ferendum igitur dolorem placide atque sedate plurimum proficit toto pectore, ut dicitur, cogitare quam id honestum sit. Sumus enim natura, ut antea dixi... studiosissimi adpetentissimique honestatis; cuius si quasi lumen aliquod aspeximus, nihil est quod, ut eo potiamur, non parati simus et ferre et perpeti. Ex hoc cursu atque impetu animorum ad veram laudem atque honestatem illa pericula adeuntur in proeliis, non sentiunt viri fortes in acie volnera, vel sentiunt, sed mori malunt quam tantulum modo de dignitatis gradu demoveri.

2.5 **Change the text above so that emphasis is placed on the following words:**

plurimum, honestum, adpetentissimi, quasi lumen, parati, adeuntur.

2.6 **To some of the sentences above the following adverbs should be added:**

a. to the first sentence......*diligenter*

b. to the second sentence ....*fortiter* and *constanter*

c. to the third sentence ....*vehementer* and *multo*

2.7 **Complete the following sentences with the words in parentheses, but pay attention to appropriate word-order.**

a. Cogitandum est quam sit honestum dolorem placide ferre. (nostrorum propinquorum enim)

b. Si de honestate cogitat, quisque dolores facilius tolerat (semper suos)

c. Ex hoc motu illa pericula adeuntur in proeliis. (animi nam)

d. Viri fortes in acie volnera sentiunt, sed mori malunt quam de dignitate demoveri. (quoque haec sua)

2.8 **Add the prepositions in parentheses to the following phrases. Once again, pay attention to appropriate word-order.**

hoc dolore (de): toto pectore (in): cuiusque naturam (secundum): laudem veram (propter): dignitatis gradum (ad): etiam me (cum): nobis et vobis (cum [twice])

2.9 **Add the words in parentheses to the following phrases. Once again, pay attention to appropriate word-order.**

a. amicus te docuit (tuus)

b. studiosissimus honestatis (quisque)

c. quisque cogitat quam id honestum sit (sapientissimus)

d. pater dolores tulit (meus aegre meos)

e. lumina diligenter aspeximus (haec)

f. viri volnera sentiunt (multi)

g. pericula adivimus (tria)

h. velim scire quis dolorem tulerit (quem)

i. viri magnum dignitatis gradum adipiscuntur (magni)

2.10 **Write five sentences about *honestatis studium*. For each sentence, use the elements provided below. The word-order should not particularly emphasize any word. You will have to change the endings of nouns and verbs according to the sense. Do not add or remove any words.**

a. petere honestas cogere natura ad

b. enim nos honestus res esse studiosus

c. si homo lumen aspicere honestas, omnia ferre posse

d. milites studium accensus honestas proelium in periculum adire fortiter

e. studiosus dolor honestas placide ferre sedate atque

Latin expressions for agreement and disagreement

Assentior tibi.

Tecum sentio.

Accedo tuae sententiae.

Tuo iudicio subscribo.

Idem sentio quod tu.

Haec mihi tecum conveniunt.

Dissentio.

Ego longe diversa sentio.

Multo aliter atque tu sentio.

Multum a tua mea discrepat sententia.

Longe secus atque tu sentio.

Haud mediocriter a tua mea dissidet opinio.

Free composition

Write a brief paragraph in which at least three of the above expressions are employed. This should be the beginning of the paragraph:

Senator ille vix quidquam nisi amicorum consiliis fretus proponere solebat. Sciebat, si suasisset ut agri plebi darentur, pluribus se hominibus gratum fore...

Latin proverb

> Gladiator in harena consilium capit (Seneca, *Epistulae*, 22, 1)

Literally, 'the gladiator makes his decision in the arena'. The proverb indicates that decisions are mostly made on the spur of the moment, and within the circumstances to which they are relevant.

Free composition

Write a short composition exemplifying the use of this proverb. This should be the beginning of the paragraph:

Avus meus, "Nemo prudens," inquit, "ad negotium novum aggreditur imparatus." Cuius consiliis obtemperare mihi operae pretium semper videbatur: opes enim amplas sibi comparaverat, auctoritateque inter iuris consultos pollebat haud exigua...

3

Expressions of place

Reading: Pliny the Younger, Epistulae, VI, 16.
(Allen and Greenough, 259-265; Bradley's Arnold, 178-180; Minkova, 81-86)

3.1 Carefully read the text below

Pliny the Younger (62 A.D. – ca 114 A.D.) left a collection of 247 private letters that are an important source about his times. In the letter below, Pliny complies with the request of the Roman historian Tacitus to describe the death of his own uncle, the encyclopedic author Pliny the Elder. Pliny the Elder died in the eruption of Vesuvius in 79 A.D.

Plin. VI, 16
C. Plinius Tacito suo s.

Petis ut tibi avunculi mei exitum scribam, quo verius tradere posteris possis. Gratias ago; nam video morti eius si celebretur a te immortalem gloriam esse propositam. Quamvis enim pulcherrimarum clade terrarum, ut populi ut urbes memorabili casu, quasi semper victurus occiderit, quamvis ipse plurima opera et mansura condiderit, multum tamen perpetuitati eius scriptorum tuorum aeternitas addet. Equidem beatos puto, quibus deorum munere datum est aut facere scribenda aut scribere legenda, beatissimos vero quibus utrumque. Horum in numero avunculus meus et suis libris et tuis erit. Quo libentius suscipio, deposco etiam quod iniungis.

Erat Miseni classemque imperio praesens regebat. Nonum Kal. Septembres hora fere septima mater mea indicat ei apparere nubem inusitata et magnitudine et specie. Usus ille sole, mox frigida, gustaverat iacens studebatque; poscit soleas, ascendit locum ex quo maxime miraculum illud conspici poterat. Nubes - incertum procul intuentibus ex quo monte; Vesuvium fuisse postea cognitum est - oriebatur, cuius similitudinem et formam non alia magis arbor quam pinus expresserit. Nam longissimo velut trunco elata in altum quibusdam ramis diffundebatur, credo quia recenti spiritu evecta, dein senescente eo destituta aut etiam pondere suo victa in latitudinem vanescebat, candida interdum, interdum sordida et maculosa prout terram cineremve sustulerat. Magnum propiusque noscendum ut eruditissimo viro visum. Iubet liburnicam aptari; mihi si venire una vellem facit copiam; respondi studere me malle, et forte ipse quod scriberem dederat. Egrediebatur domo; accipit codicillos Rectinae Tasci imminenti periculo exterritae - nam villa eius subiacebat, nec ulla nisi navibus fuga: ut se tanto discrimini eriperet orabat. Vertit ille consilium et quod studioso animo incohaverat obit maximo. Deducit quadriremes, ascendit ipse non Rectinae modo sed multis - erat enim frequens amoenitas orae - laturus auxilium. Properat illuc unde alii fugiunt, rectumque cursum recta gubernacula in periculum tenet adeo solutus metu, ut omnes illius mali motus omnes figuras ut deprenderat oculis dictaret enotaretque.

Iam navibus cinis incidebat, quo propius accederent, calidior et densior; iam pumices etiam nigrique et ambusti et fracti igne lapides; iam vadum subitum ruinaque montis litora obstantia. Cunctatus paulum an retro flecteret, mox gubernatori ut ita faceret monenti "Fortes" inquit "fortuna iuvat: Pomponianum pete." Stabiis erat diremptus sinu medio - nam sensim circumactis curvatisque litoribus mare infunditur; ibi quamquam nondum periculo appropinquante, conspicuo tamen et cum cresceret proximo, sarcinas contulerat in naves, certus fugae si contrarius ventus resedisset. Quo tunc avunculus meus secundissimo invectus, complectitur trepidantem consolatur hortatur, utque timorem eius sua securitate leniret, deferri in balineum iubet; lotus accubat cenat, aut hilaris aut - quod aeque magnum - similis hilari. Interim e Vesuvio monte pluribus locis latissimae flammae altaque incendia relucebant, quorum fulgor et claritas tenebris noctis excitabatur. Ille agrestium trepidatione ignes relictos desertasque villas per solitudinem ardere in remedium formidinis dictitabat.

Tum se quieti dedit et quievit verissimo quidem somno; nam meatus animae, qui illi propter amplitudinem corporis gravior et sonantior erat, ab iis qui limini obversabantur audiebatur. Sed area ex qua diaeta adibatur ita iam cinere mixtisque pumicibus oppleta surrexerat, ut si longior in cubiculo mora, exitus negaretur. Excitatus procedit, seque Pomponiano ceterisque qui pervigilaverant reddit. In commune consultant, intra tecta subsistant an in aperto vagentur. Nam crebris vastisque tremoribus tecta nutabant, et quasi emota sedibus suis nunc huc nunc illuc abire aut referri videbantur. Sub dio rursus quamquam levium exesorumque pumicum casus metuebatur, quod tamen periculorum collatio elegit; et apud illum quidem ratio rationem, apud alios timorem timor vicit. Cervicalia capitibus imposita linteis constringunt; id munimentum adversus incidentia fuit. Iam dies alibi, illic nox omnibus noctibus nigrior densiorque; quam tamen faces multae variaque lumina solvebant. Placuit egredi in litus, et ex proximo adspicere, ecquid iam mare admitteret; quod adhuc vastum et adversum permanebat. Ibi super abiectum linteum recubans semel atque iterum frigidam aquam poposcit hausitque. Deinde flammae flammarumque praenuntius odor sulpuris alios in fugam vertunt, excitant illum. Innitens servolis duobus assurrexit et statim concidit, ut ego colligo, crassiore caligine spiritu obstructo, clausoque stomacho qui illi natura invalidus et angustus et frequenter aestuans erat. Ubi dies redditus - is ab eo quem novissime viderat tertius -, corpus inventum integrum illaesum opertumque ut fuerat indutus: habitus corporis quiescenti quam defuncto similior.

Interim Miseni ego et mater - sed nihil ad historiam, nec tu aliud quam de exitu eius scire voluisti. Finem ergo faciam. Unum adiciam, omnia me quibus interfueram quaeque statim, cum maxime vera memorantur, audieram, persecutum. Tu potissima excerpes; aliud est enim epistulam aliud historiam, aliud amico aliud omnibus scribere. Vale.

ITALIA

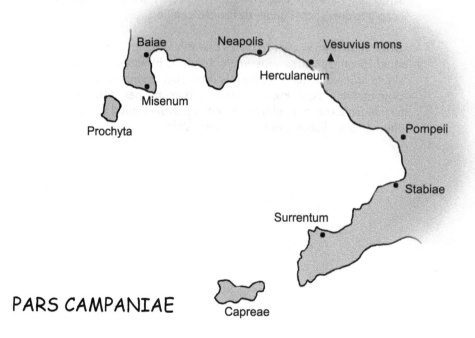

PARS CAMPANIAE

3.2 **Answer the following questions, using the information from the text on the previous page. At the same time, fill in the blanks, using the words supplied in the parentheses.**

a. Ubi commorabatur Plinius Minor una cum avunculo? –

Ubi erat ille? Num (Neapolis) _____ erat?

Ubi erat ille? Num (Roma)_____ erat?

Ubi erat ille? Num (Surrentum)_____ erat?

Ubi erat ille? Num (Stabiae)_____ erat?

Ubi erat ille? Num (Pompeii)_____ erat?

Ubi erat ille? Num (Sicilia)_____ erat?

Ubi erat ille? Num (Sardinia)_____ erat?

Ubi erat ille? Num (Capreae)_____ erat?

Ubi erat ille? Num (Africa)_____ erat?

Ubi erat ille? Num (domus sua)_____ erat?

Ubi erat ille? Num (domus amicorum)_____ erat?

Ubi erat ille? Num (rus)_____ erat?

b. Unde profectus est Plinius Maior nube pulveris visa? –

Unde profectus est ille? Num (Helvetia)_____ est profectus?

Unde profectus est ille? Num (montes)_____ descendit?

Unde profectus est ille? Num (parentes)_____ abivit?

Unde profectus est ille? Num (Stabiae)_____ est profectus?

Unde profectus est ille? Num (Caieta)_____est profectus?

Unde profectus est ille? Num (Herculaneum)_____ est profectus?

Unde profectus est ille? Num (Pompeii)_____ est profectus?

Unde profectus est ille? Num (domus sua)_____ est profectus?

Unde profectus est ille? Num (domus amicorum)_____ est profectus?

Unde profectus est ille? Num (rus)_____est profectus?

c. Quo properavit Plinius Maior epistula Rectinae perlecta? – (domus Rectinae Tasci; mons Vesuvius; navis)

Quo properavit ille? Num (Gallia)_____properavit?

Quo properavit ille? Num (mater)_____properavit?

Quo properavit ille? Num (rus)_____properavit?

Quo properavit ille? Num (domus sua)_____properavit?

Quo properavit ille? Num (Barium)_____properavit?

Quo properavit ille? Num (Panhormus) _____properavit?

Quo properavit ille? Num (Genua)_____ properavit?

    d.   Qua vehebatur Plinius Maior? –
        (mare Tyrrhenum; sinus Neapolitanus)

           Qua ibat ille? Num (Italia Septentrionalis) _____ ibat?

           Qua profectus est ille? Num (via Appia) _____ est profectus?

           Qua ivit ille? Num (porta Capena) _____ ivit?

           Qua ivit ille? Num (pons Milvius)_____ ivit?

           Qua vehebatur ille? Num (Sardinia) _____ vehebatur?

    e.   Plinius Maior tamen cursum mutavit. Quo tandem ille advenit? –

    f.   Ubi Plinius Maior vita est functus? –

    g.   Ubi Plinius Minor materque eius manebant? –

3.3   **Using the following adverbs, appropriately fill in the blanks.**

hinc	huc	illinc
illuc	quo	unde

Tabellarius: Litteras ad te, domine, affero.

Plinius Maior: _____ ?

Tabellarius: Rectina Tasci mihi has litteras dedit, matrona quae sub monte Vesuvio habitat.

Plinius Maior: _____ ne venisti? Quid novi ex illa regione?

Tabellarius: Codicillos legas ipseque certior fies.

Plinius Maior (elata voce legens): "Rectina Plinio s.p.d. Apud nos, Plini, quaedam inusitata horribiliaque accidunt. Vesuvius enim ignem atque pulverem vomere coepit. Ipsa terra crebris motibus concutitur. Oro te, _____ venias ut mihi familiolaeque auxilium feras. Vale!" Heus, venite ad me, nautae, mecum properate. _____ mox proficiscemur.

Nautae quidam accurrentes: _____ nobis erit proficiscendum?

Plinius Maior: Opitulari debebimus hominibus qui sub illo monte versantur.

Nautae: Quid dicis? Num _____ nobis erit navigandum? Cave, imperator; in periculum enim maximum incidemus.

Plinius Maior: Garrire nimium noli, sed quadriremes deduc!

alio	hic	ibi
quocumque	ubi	ubique

(in mari)

Nauta: _____ appellendum est nobis, imperator?

Plinius Maior: _____, inter Neapolim et Herculaneum. Quid moraris?

Nauta: _____ navigare oportebit. Nam _____ in alto mari iam vadum exstat propter tot lapides accumulatos. Necnon litus montis ruinis obstrui videtur. Navigemus _____ volueris, non tamen ad Vesuvium!

Plinius Maior: Pete ergo Stabias! Pomponianum meum Stabiis adibo.

Nauta: Fiat! Timeo tamen ne _____ sint ruinae. Di nos tueantur!

eo   istic

qua   undique

(Stabiis, postridie)

Plinius Maior: Ex cubili tuo, Pomponiane, exi forasque festina! Nam cinis pumicesque diaetam _____ petunt. Mox exitus negabitur.

Pomponianus: Si tamen _____ exivero, sub imbre pumicum lapidumque ambulabo.

Plinius Maior: Tunc quid agendum? Num vis _____ manere?

Pomponianus: Periculum quoque manendi est magnum. Aedes enim satis saepe tremoribus nutant. Exeamus ergo cervicaliaque capitibus imponamus ne laedamur.

Plinius Maior: Sequere me!

Pomponianus: _____ portum petemus? Habesne in mente viam tutissimam? Quam timeo!

Plinius Maior: Noli nimium timori cedere! Rationem potius consulamus….. (*sibi*) At ipsa ratio nobis dicit effugium vix patere ullum…

Latin expressions for confirming

scilicet	admodum	ita est	plane
haud dubie	dubio procul	liquet	constat
certum est			

Latin expressions for denying

non	haud	nec	neque	haudquaquam
neutiquam	minime	minus	parum	absit
dii prohibeant	bona verba	quidvis potius	omnia citius	

Free composition

Write a brief paragraph in which at least two of the above expressions in each category are employed. This should be the beginning of the paragraph:

Pueri sunt pertinaces et semper contraria volunt atque matres. Nam si mater rogat…

Latin proverb

Scopae dissolutae (Cicero, *Orator*, 71, 235)

Literally, a loosened broom. Applies to something completely useless.

Free composition

Write a short composition exemplifying the use of this proverb. This should be the beginning of the paragraph:

Inter terrae motus, turbines, diluvia facile perspici licet num quis animi fortitudinem possideat. Sunt enim qui...

4

Expressions of time

Reading: **Quintus Curtius Rufus, Historiae
Alexandri Magni, III, 1.**

(Allen and Greenough, 257-259; Bradley's
Arnold, 182-185; Minkova, 86-91)

4.1 Carefully read the following text.

Quintus Curtius Rufus (I-II A.D.) wrote a history of Alexander the Great (*Historiae Alexandri Magni*). The stories in his narrative do not always appear to be based on historical facts, but are certainly captivating.

Curtii Rufi Historiae Alexandri Magni, III, 1

Inter haec Alexander, ad conducendum ex Peloponneso militem Cleandro cum pecunia misso, Lyciae Pamphyliaeque rebus conpositis ad urbem Celaenas exercitum admovit. Media illa tempestate moenia interfluebat Marsyas amnis, fabulosis Graecorum carminibus inclitus. Fons eius ex summo montis cacumine excurrens in subiectam petram magno strepitu aquarum cadit; inde diffusus circumiectos rigat campos liquidus et suas dumtaxat undas trahens. Itaque color eius placido mari similis locum poetarum mendacio fecit: quippe traditum est nymphas amore amnis retentas in illa rupe considere. Ceterum, quamdiu intra muros fluit, nomen suum retinet; at, cum extra munimenta se evolvit, maiore vi ac mole agentem undas Lycum appellant. Alexander, quidem urbem destitutam a suis intrat, arcem vero, in quam confugerant, oppugnare adortus caduceatorem praemisit, qui denuntiaret, ni dederent, ipsos ultima esse passuros.

Illi caduceatorem in turrem et situ et opere multum editam perductum, quanta esset altitudo intueri iubent, ac nuntiare Alexandro non eadem ipsum et incolas aestimatione munimenta metiri: se sciret inexpugnabiles esse, ad ultimum pro fide morituros. Ceterum, ut circumsederi arcem, et omnia sibi in dies artiora esse viderunt, sexaginta dierum indutias pacti, ut, nisi intra eos auxilium Dareus ipse misisset, dederent urbem, postquam nihil inde praesidii mittebatur, ad praestitutam diem permisere se regi.

Superveniunt deinde legati Atheniensium, petentes ut capti apud Granicum amnem redderentur sibi. Ille non hos modo, sed etiam ceteros Graecos restitui suis iussurum respondit finito Persico bello. Ceterum Dareo imminens, quem nondum Euphratem superasse cognoverat, undique omnes copias contrahit totis viribus tanti belli discrimen aditurus. Phrygia erat, per quam ducebatur exercitus, pluribus vicis quam urbibus frequens; tunc habebat nobilem quondam Midae regiam. Gordium nomen est urbi, quam Sangarius amnis praeterfluit pari intervallo Pontico et Cilicio mari distantem. Inter haec maria angustissimum Asiae spatium esse conperimus, utroque in artas fauces conpellente terram. Quae quia continenti adhaeret, sed magna ex parte cingitur fluctibus, speciem insulae praebet, ac, nisi tenue discrimen obiceret, quae nunc dividit maria committeret. Alexander, urbe in dicionem suam redacta, Iovis templum intrat. Vehiculum quo Gordium, Midae patrem, vectum esse constabat, aspexit, cultu haud sane a vilioribus vulgatisque usu abhorrens. Notabile erat iugum adstrictum conpluribus nodis in semetipsos inplicatis et celantibus nexus. Incolis deinde adfirmantibus editam esse oraculo sortem, Asiae potiturum, qui inexplicabile vinculum solvisset, cupido incessit animo sortis eius explendae. Circa regem erat et Phrygum turba et Macedonum, illa explicatione suspensa, haec sollicita ex temeraria regis fiducia, quippe series vinculorum ita adstricta, ut unde nexus inciperet quove se conderet nec ratione nec visu perspici posset; solvere adgressus iniecerat curam ei ne in omen verteretur irritum inceptum. Ille nequaquam diu luctatus cum latentibus nodis: "Nihil", inquit, "interest quomodo solvantur", gladioque ruptis omnibus loris oraculi sortem vel elusit vel implevit.

Temporal Concepts

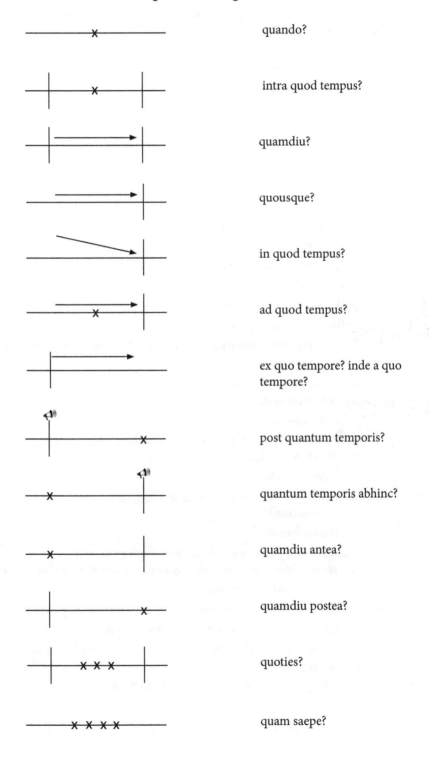

quando?

intra quod tempus?

quamdiu?

quousque?

in quod tempus?

ad quod tempus?

ex quo tempore? inde a quo
tempore?

post quantum temporis?

quantum temporis abhinc?

quamdiu antea?

quamdiu postea?

quoties?

quam saepe?

4.2 Having read the text above and studied the list of temporal concepts on page 23, answer the following questions. The material for the answers is supplied in parentheses.

a. Quando Alexander nodum illum Gordium gladio scidit?

(bellum; bellum Asiaticum)

b. Intra quod tempus a Celaenaeis auxilium Darei exspectatum est nec venit?

(sexaginta dies)

c. Quamdiu Celaenaei indutiis fructi sunt?

(sexaginta dies)

d. Quousque Celaenaei dixerunt se pugnaturos antequam urbem hostibus traderent?

(mors)

e. In quod tempus caduceator constitutum cum incolis fecit?

(posterus dies)

f. Ad quod tempus caduceator reverti debuit?

(tertius dies)

g. Ex quo tempore (inde a quo tempore) Marsyas amnis inclitus erat?

(tempus antiquissimum)

h. Post quantum temporis Alexander captivos Graecos restituturus erat?

(finis belli; duo anni)

i. Quantum temporis abhinc oraculum de nodo Gordio scindendo prolatum est secundum verba incolarum?

(multa saecula)

j. Quantum temporis abhinc oraculum de nodo Gordio scindendo vigere incepit adhucque viget?

(decem saecula)

k. Alexander cum Dareo pugnaturus erat. Quamdiu antea Dareus quoque ad bellum se accinxit?

(aliquot menses)

l. Omnes congregati sunt ut Alexandrum nodum Gordium extricantem spectarent. Quamdiu postea Alexander modo suo illum nodum solvit?

(pauca temporis momenta)

m. Quoties in die Celaenaei ex muris inspicere solebant num Dareus iam veniret?

(hora sexta matutina et hora sexta vespertina)

n. Quam saepe inter obsidionem Celaenaei ex muris inspicere solebant num Dareus iam veniret?

(hora sexta matutina et hora sexta vespertina)

4.3 **Read the following timetable for the trains departing from Rome, and answer the following questions.**

Profectiones

Roma	Neapolim	6.00
Roma	Florentiam	7.30
Roma	Neapolim	9.00
Roma	Anconam	9.30
Roma	Neapolim	12.00
Roma	Neapolim	18.00

a. Quando primum tramen[1] Neapolim proficiscitur? Quota hora?

b. Intra quod temporis spatium post meridiem nulla tramina Neapolim Roma proficiscuntur?

c. Hora quarta postmeridiana in stationem ferriviariam[2] adveni. Quamdiu exspectandum est usque dum tramen Neapolitanum proficiscatur?

d. Nunc est hora quinta et in statione ferriviaria versor. Quousque erit exspectandum ut Neapolim proficiscar?

e. Tramen ultimum Neapolitanum ascendere volo. Una ante hora amicos illic conveniam. In quod tempus constitutum cum amicis faciam?

f. Hodie in ultimum tramen Neapolitanum ascendere conabor. Ad quod tempus in stationem ferriviariam advenire debebo?

g. Nunc est hora quinta et dimidia postmeridiana et iam per duas horas in statione ferriviaria versor. Ex quo tempore (inde a quo tempore) illic expecto?

h. Nunc est hora quarta postmeridiana et in statione ferriviaria versor. Post quantum temporis tramen Neapolim proficiscetur?

i. Nunc est hora prima postmeridiana et in statione ferriviaria versor. Paene per unam horam ibi maneo; nam perveni paulo postquam tramen meridianum est profectum. Quantum temporis abhinc ultimum tramen ferriviarium Neapolim abivit? Quantum temporis hic maneo?

j. Tramen quod hora nona matutina Neapolim Roma proficiscitur satis commodum mihi videtur. Si tamen maturius proficisci maluero, quamdiu antea aliud tramen Roma Neapolim proficiscetur? Si vero serius mihi proficisci placuerit, quamdiu postea aliud tramen Roma Neapolim proficiscetur?

k. Quotiens in die Roma Neapolim tramina proficiscuntur?

l. Quam saepe tramina Roma Neapolim matutino tempore petunt?

---

1 Tramen = train.

2 Statio ferriviaria = railway station.

Latin expressions indicating "on time" and "late"

Opportune advenis.

Fac adsis in tempore.

Fac adsis tempori.

Suo quicque tempore agendum est.

Sero sapiunt Phryges.

Sera est nunc consultatio.

Serum est mortuo adhibere medicinam.

Nulla aetas ad discendum sera est.

Advenit, sed post tempus.

Free composition

Write a brief paragraph in which at least two of the above expressions are employed. This should be the beginning of the paragraph:

Cum puer essem, oportebat me ad ludum pedibus ire. Interdum canem errantem in itinere conspiciebam...

Latin proverb

Inter sacrum et saxum (Plautus, *Captivi,* 617)

Literally, 'between the sacrifice and the rock'. The proverb is used to indicate a difficult situation in which a person is subjected to mutually excluding constraints from two different sides.

Free composition

Write a short composition exemplifying the use of this proverb. This should be the beginning of the paragraph:

Necesse est iis qui apud tyrannos vivunt dominorum voluntati obtemperare. Saepe tamen tyranni haud iusta patrant vel iubent...

5

Use of tenses in the main clause

(with occasional reference to their use in the subordinate clause).

Readings: Liber Isaiae, 35; Sallust, De coniuratione Catilinae, 31; 47.

(Allen and Greenough, 284-292; Bradley's Arnold, 115-120; Minkova, 2-4)

5.1   Carefully read the text below.

The Book of Isaiah is a part of the Old Testament. The Old Testament existed in several Latin versions in Antiquity. The version quoted here is thought to be mostly by St. Jerome.

Isaiae cap. 35

(two verbs from the original Latin text have been changed) Laetabitur deserta et invia, et exultabit solitudo, et florebit quasi lilium.   Germinans germinabit et exultabit laetabunda et laudans: gloria Libani data est ei, decor Carmeli et Saron; ipsi videbunt gloriam Domini et decorem Dei nostri. Confortate manus dissolutas et genua debilia roborate. Dicite pusillanimis: confortamini et nolite timere; ecce Deus vester ultionem adducet retributionis; Deus ipse veniet et salvabit vos. Tunc aperientur oculi caecorum et aures surdorum patebunt. Tunc saliet sicut cervus claudus et aperietur lingua mutorum, quia scissae sunt in deserto aquae et torrentes in solitudine. Et quae erat arida, erit in stagnum et sitiens in fontes aquarum. In cubilibus, in quibus prius dracones habitabant, orietur viror calami et iunci. Et erit ibi semita et via; et via sancta vocabitur. Non transibit per eam pollutus; et haec erit vobis directa via, ita ut stulti non errent per eam. Non erit ibi leo et mala bestia non ascendet per eam nec invenietur ibi; et ambulabunt qui liberati erunt. Et redempti a Domino convertentur et venient in Sion cum laude; et laetitia sempiterna super caput eorum; gaudium et laetitiam obtinebunt; et fugiet dolor et gemitus.

5.2 Rewrite the text above putting it into a past perspective. While changing the future tenses into past tenses, try to keep the difference in the temporal degrees (e.g. future/future perfect: perfect/pluperfect). Preserve the word-order and as many words as possible. Do not change any imperatives.

5.3 Change the infinitives that are in parentheses into finite forms of the same verb, so that they fit the sense of the sentence. For every form, employ the time indicated after each sentence.

a. Illa regio quae antea (esse) arida et deserta per aestatem totam (florere) quasi lilium. [past]

b. Gloriam domini semper (intellegere) omnes et etiam tum (intellegere), sed tunc caecorum oculi subito (aperiri). [past]

c. Haec regio semper (esse) sterilis. Sec ecce iam ibi fons (oriri). Inde saepe aqua (hauriri). [imperfect, perfect, present]

d. Miraculo viso, semita illa a viro sancto 'sancta via' (appellari), nec umquam per eam postea (transire) homines polluti. [past]

e. Cum homines a Deo (redimi), gratiam (adipisci). [future]

5.4 Carefully read the following text.

Sallust (86 B.C.-34 B.C.) is the first great Roman historian whose works survive. He wrote *De coniuratione Catilinae* and *Bellum Iugurthinum*. Sallust wrote in an archaizing and concise style, that was later greatly admired by Tacitus.

Sallustii Cat. 31

Quibus rebus permota civitas atque inmutata urbis facies erat. Ex summa laetitia atque lascivia, quae diuturna quies pepererat, repente omnis tristitia invasit: festinare, trepidare, neque loco neque homini cuiquam satis credere, neque bellum gerere neque pacem habere, suo quisque metu pericula metiri. Ad hoc mulieres, quibus rei publicae magnitudine belli timor insolitus incesserat, adflictare sese, manus supplices ad caelum tendere, miserari parvos liberos, rogitare omnia, omni rumore pavere, superbia atque deliciis omissis sibi patriaeque diffidere.

5.5   **In the text above, change the historical infinitives into indicatives, using the tenses that correspond to the sense of the text.**

5.6   **Carefully read the following text also by Sallust.**

Sallustii Cat. 31

.... At Catilinae crudelis animus eadem illa movebat, tametsi praesidia parabantur et ipse lege Plautia interrogatus erat ab L. Paulo. Postremo dissimulandi causa aut sui expurgandi, sicut iurgio lacessitus foret, in senatum venit. Tum M. Tullius consul, sive praesentiam eius timens sive ira conmotus, orationem habuit luculentam atque utilem rei publicae, quam postea scriptam edidit. Sed ubi ille adsedit Catilina, ut erat paratus ad dissimulanda omnia, demisso voltu, voce supplici postulare a patribus coepit, ne quid de se temere crederent.

5.7   **Change the infinitives in parentheses into the conjugated forms that fit the construction of the text.**

Animus Catilinae tam est crudelis! Multa nunc scelera (movere). Praesidia tamen (parari), et Catilina haud multo ante lege Plautia a L. Paulo (interrogari). Attamen aut se expurgare aut facinora sua dissimulare iam (velle videri). Itaque iam quasi iurgio (lacessi), in senatum (esse) mox venturus. Cum tandem (advenire), M. Tullius orationem (habere), quam postea fortasse (edere) scriptam. Catilina autem, qui ad dissimulanda omnia (esse) paratus, mox (considere) et a patribus procul dubio (postulare) ne ullam Ciceroni fidem tribuant.

5.8   **Carefully read the following text.**

Sallustii Cat. 47

Volturcius interrogatus de itinere, de litteris... primo fingere alia, dissimulare de coniuratione; post, ubi fide publica dicere iussus est, omnia, uti gesta erant, aperit docetque se paucis ante diebus a Gabinio et Caepario socium adscitum nihil amplius scire quam legatos; tantummodo

audire solitum ex Gabinio P. Autronium, Ser. Sullam, L.
Vargunteium, multos praeterea in ea coniuratione esse.
Eadem Galli fatentur ac Lentulum dissimulantem coarguunt...
Ex libris Sibyllinis regnum Romae tribus Corneliis portendi;
Cinnam atque Sullam antea, se tertium esse, cui fatum foret
urbis potiri.

5.9   Change the text above so that all verbs refer to future time. Change the
historical infinitives into indicatives. Indirect speech should remain, but some
of the tenses in it will be changed.

5.10   Use the elements provided below to compose five sentences. Past tenses should
be used, and historical present should be avoided. The endings of nouns,
adjectives, pronouns, verbs should be changed appropriately. The word-order
can be changed, but no words should be added or removed. The words in Italics
should remain in the form and order that they have now.

a.   Catilinam iam antea moliri insidiae

b.   curia in intrare *arcessitus* deinde senatores a

c.   *verba senatorum audiens*, in diu sedere subsellium Catilinam

d.   oratio habere consulem M. Tullii longa contra *Catilinam*

e.   *Verbis consulis auditis*, constituere sui defendere Catilinae

Latin expressions for "please" and "come on"

Dic age.

Dic sodes.

Dic obsecro.

Dic quaeso te.

Dic amabo.

Cedo.

Agedum.

Eia age.

Vide sis.

Free composition

Write a brief paragraph in which at least two of the above expressions are employed. This should be the beginning of the paragraph:

Quadam in popina sedebamus de schola eo die habita paulo asperius loquentes, cum repente professor ipse intravit, sellamque haud longe a nobis positam cepit....

Latin proverb

Quae supra nos, nihil ad nos (Lactantius, *Institutiones divinae* 3, 20, 10)

Literally, 'what is above us, does not pertain to us'. The proverb is used for anything we should not be concerned about.

Free composition

Write a short composition exemplifying the use of this proverb. This should be the beginning of the paragraph:

Rerum civilium amicus meus erat studiosissimus. "Nemo," inquit, "civis bonus esse potest, quin rem publicam capessere velit. Nam iniuste de magistratuum moribus querimur, si quiescimus otiosi..."

6

Expressions of instrument, manner, accompaniment, price, degree of difference

Reading: Erasmus of Rotterdam, Laus stulti-
tiae, praefatio.

(Allen and Greenough, 247-253; Bradley's
Arnold, 153-154, 158; Minkova, 91-92)

6.1 **Carefully read the letter below. With this letter Erasmus of Rotterdam dedicates
his famous *Praise of Folly* to his friend Thomas More.**

Eramus of Rotterdam (1466-1536) was the leading intellectual of the northern Renaissance. His monumental heritage includes works on theology, religion, educa-
tion, and philosophy. Although Erasmus was born in the Netherlands, he considered himself Latin, and a citizen of *res publica litterarum*.

Erasmus Rot. Thomae Moro amico suo s.d.

Superioribus diebus cum me ex Italia in Angliam recepissem,
ne totum hoc tempus quo equo fuit insidendum amusois et
illitteratis fabulis tereretur, malui mecum aliquoties vel de
communibus studiis nostris aliquid agitare, vel amicorum,
quos hic ut doctissimos ita et suavissimos reliqueram,
recordatione frui. Inter hos tu, mi More, vel in primis
occurrebas; cuius equidem absentis absens memoria non
aliter frui solebam quam praesentis praesens consuetudine
consueveram; qua dispeream si quid unquam in vita contigit
mellitius. Ergo quoniam omnino aliquid agendum duxi, et
id tempus ad seriam commentationem parum videbatur
accommodatum, visum est Moriae Encomium ludere.

Quae Pallas istuc tibi misit in mentem? inquies. Primum admonuit me Mori cognomen tibi gentile, quod tam ad Moriae vocabulum accedit quam es ipse a re alienus; es autem vel omnium suffragiis alienissimus. Deinde suspicabar hunc ingenii nostri lusum tibi praecipue probatum iri, propterea quod soleas huius generis iocis, hoc est nec indoctis, ni fallor, nec usquequaque insulsis, impendio delectari, et omnino in communi mortalium vita Democritum quendam agere. Quanquam tu quidem, ut pro singulari quadam ingenii tui perspicacitate longe lateque a vulgo dissentire soles, ita pro incredibili morum suavitate facilitateque cum omnibus omnium horarum hominem agere et potes et gaudes. Hanc igitur declamatiunculam non solum lubens accipies ceu mnemosynon tui sodalis, verum etiam tuendam suscipies, utpote tibi dicatam iamque tuam non meam.

Etenim non deerunt fortasse vitilitigatores, qui calumnientur partim leviores esse nugas quam ut theologum deceant, partim mordaciores quam ut Christianae conveniant modestiae; nosque clamitabunt veterem comediam aut Lucianum quempiam referre atque omnia mordicus arripere. Verum quos argumenti levitas et ludicrum offendit, cogitent velim non meum hoc exemplum esse, sed idem iam olim a magnis auctoribus factitatum; cum ante tot secula Batrachomyomachian luserit Homerus, Maro Culicem et Moretum, Nucem Ovidius.... Nam quae tandem est iniquitas, cum omni vitae instituto suos lusus concedamus, studiis nullum omnino lusum permittere, maxime si nugae seria ducant, atque ita tractentur ludicra ut ex his aliquanto plus frugis referat lector non omnino naris obesae, quam ex quorundam taetricis ac splendidis argumentis? Veluti cum alius diu consarcinata oratione rhetoricen aut philosophiam laudat, alius principis alicuius laudes describit, alius ad bellum adversus Turcas movendum adhortatur, alius futura predicit, alius novas de lana caprina comminiscitur quaestiunculas. Ut enim nihil nugacius quam seria nugatorie tractare, ita nihil festivius quam ita tractare nugas ut nihil minus quam nugatus esse videaris. De me quidem aliorum erit iudicium; tamet si, nisi plane me fallit philautia, Stulticiam laudavimus, sed non omnino stulte....Vale, disertissime More, et Moriam tuam gnaviter defende.

6.2 **Answer the following questions with full-sentence answers. The answers are to be deduced from the text above.**

    a.   Quo vehiculo vel qua re est Erasmus ex Italia in Angliam vectus?

    b.   Innuit Erasmus se aliter atque plerosque viatores tempus in itinere degisse. Quibus rebus plerique viatores se in via delectasse videntur?

    c.   Quibus rebus Erasmum itineris taedium minuisse putas?

    d.   Quo modo et quo animo hos amicos recordabatur Erasmus?

    e.   Quanto itinere Britannia ab Italia distat?

    f.   Memoria Thomae Mori quanto fuit Erasmo iucundior quam illitterarum fabularum narratio?

6.3 **Complete the following sentences using the words in parentheses. The form of these words will have to be changed to fit the sentences. Prepositions should be added, when needed.**

    a.   Laudis Stultitiae scribendae propositum Erasmo in mentem (Pallas) est missum.

    b.   Admonitus est Erasmus (Mori cognomen gentile) ut Moriae encomium scriberet.

    c.   Nomen Mori Moriae vocabulo simile videtur: at a re ipsa Morus est (longissimum intervallum) alienus.

    d.   Erasmus ut solus itinerans iocis doctis et lepidis impendio delectatur, ita tempus in Britannia paulo antea (Thomas Morus amicus doctus) degens eisdem oblectamentis fruebatur.

    e.   Thomas Morus plerasque res (multus) aliter atque vulgus iudicabat.

    f.   Thomas Morus (quilibet homo) facile versatur, quippe qui ipse sit homo omnium horarum.

    g.   Si libri nostri (nos) vehuntur, (multus) iucundius et laetius itineramur.

6.4 **Use the elements provided below to compose five sentences. The endings of nouns, adjectives, pronouns, verbs should be changed appropriately. Word-order can be changed, but no words should be added or removed. The words in italics should remain in the form and order that they have now.**

    a.   *Vitilitigatores* ille *qui* multum esse mordax quam alius Christianus offendi opusculum meum.

    b.   *Talia tamen opuscula* a iam diu scribi magni auctores.

    c.   *Eiusmodi libellos* non solum modus scribere lusorius *sed lectores* sui inde *aliquid* utilitas *relaturos* sperare.

    d.   Res seriae enim mos conari *tractare* festivus.

    e.   *Stultitia* Erasmus ab igitur esse *laudata*, stulte sed omnino non.

6.5 Complete each sentence using the words in parentheses. The form of these words will have to be changed to fit the sentences.

a. Libelli sui exemplaria (deni nummi aurei) vendere voluit Erasmus.

b. Hi libri (parvum pretium) sunt venales.

c. (Quantum) constat hic liber?

d. (Tantum) illam bibliothecam vendidit, (quantum) voluit.

e. Titulos sollemnes (nihil) habuit Erasmus.

f. (Magnum) refert qui libros nostros legant.

Latin expressions for love

Unice te diligit.

Amat effusissime.

Carissimum habet.

Non amat modo, verum etiam observat.

Singulari benevolentia prosequitur.

Animo toto te complectitur.

Deperibat virginem, deperibat in virginem, perdite amat.

Flagrat amore tui.

Amantissimus est tui.

Studiosissimus est tui.

Tui cupientissimus.

Ex animo tibi bene vult.

Bene cupit tibi.

Free composition

Write a brief paragraph in which at least two of the above expressions are employed. This should be the beginning of the paragraph:

"Nonnulla, Marce, de Appio Claudio, senatore nobili, heri narrasti, qui filium dehortatus erat, ne ulla commercia cum Pamphila haberet, quippe quae quamvis bonis moribus praedita stirpe servili oriunda esset. Qui fuit huius rei exitus?" "Qualem historiam audies!" inquit...

Latin proverb

Croeso ditior (Jerome, *Adversus Rufinum*, 1, 17)

Literally, 'richer than Croesus'. The Lydian king Croesus considered himself the most blessed man in the world, because he was the richest. The proverb is used for extremely rich people.

Free composition

Write a short composition exemplifying the use of this proverb. This should be the beginning of the paragraph:

Optimus quisque philosophus nobis suadet ut divitias contemnamus et pro nihilo ducamus...

7

Expressions of quality, quantity, abundance, lack, cause, origin, comparison, material, topic, aim, restriction, address

Reading: Caesar, De bello Gallico, VI, 13-28.

(Allen and Greenough, 202, 205-207, 214-215, 228-229, 242-247, 252; Bradley's Arnold, 127, 148, 154, 156-157, 160-161, 166-167, 171-172; Minkova, 93-97)

7.1 Carefully read the text below.

Gaius Julius Caesar (100 B.C. – 44 B.C.), a great Roman politician, was author of *Commentarii de bello Gallico* and *Commentarii de bello civili*. Both works are autobiographic memoirs describing Caesar's military and political activities. His style is characterized by impeccable purity and soberness.

Caesar, De bello Gallico, VI, 13-28

13. In omni Gallia eorum hominum, qui aliquo sunt numero atque honore, genera sunt duo... De his duobus generibus alterum est druidum, alterum equitum. Illi rebus divinis intersunt, sacrificia publica ac privata procurant, religiones interpretantur: ad hos magnus adulescentium numerus disciplinae causa concurrit, magnoque hi sunt apud eos honore. Nam fere de omnibus controversiis publicis privatisque constituunt, et, si quod est admissum facinus, si caedes facta, si de hereditate, de finibus controversia est, idem decernunt, praemia poenasque constituunt; si qui aut

privatus aut populus eorum decreto non stetit, sacrificiis interdicunt. Haec poena apud eos est gravissima...

14. Druides a bello abesse consuerunt neque tributa una cum reliquis pendunt; militiae vacationem omniumque rerum habent immunitatem. Tantis excitati praemiis et sua sponte multi in disciplinam conveniunt et a parentibus propinquisque mittuntur. Magnum ibi numerum versuum ediscere dicuntur. Itaque annos nonnulli vicenos in disciplina permanent. Neque fas esse existimant ea litteris mandare, cum in reliquis fere rebus, publicis privatisque rationibus Graecis litteris utantur. Id mihi duabus de causis instituisse videntur, quod neque in vulgum disciplinam efferri velint neque eos, qui discunt, litteris confisos minus memoriae studere: quod fere plerisque accidit, ut praesidio litterarum diligentiam in perdiscendo ac memoriam remittant. In primis hoc volunt persuadere, non interire animas, sed ab aliis post mortem transire ad alios, atque hoc maxime ad virtutem excitari putant metu mortis neglecto. Multa praeterea de sideribus atque eorum motu, de mundi ac terrarum magnitudine, de rerum natura, de deorum immortalium vi ac potestate disputant et iuventuti tradunt...

16. Natio est omnis Gallorum admodum dedita religionibus, atque ob eam causam, qui sunt adfecti gravioribus morbis quique in proeliis periculisque versantur, aut pro victimis homines immolant aut se immolaturos vovent administrisque ad ea sacrificia druidibus utuntur, quod, pro vita hominis nisi hominis vita reddatur, non posse deorum immortalium numen placari arbitrantur, publiceque eiusdem generis habent instituta sacrificia. Alii immani magnitudine simulacra habent, quorum contexta viminibus membra vivis hominibus complent; quibus succensis circumventi flamma exanimantur homines. Supplicia eorum qui in furto aut in latrocinio aut aliqua noxia sint comprehensi gratiora dis immortalibus esse arbitrantur; sed, cum eius generis copia defecit, etiam ad innocentium supplicia descendunt.

17. Deum maxime Mercurium colunt. Huius sunt plurima simulacra: hunc omnium inventorem artium ferunt, hunc viarum atque itinerum ducem, hunc ad quaestus pecuniae mercaturasque habere vim maximam arbitrantur. Post hunc Apollinem et Martem et Iovem et Minervam. De his eandem fere, quam reliquae gentes, habent opinionem: Apollinem morbos depellere, Minervam operum atque artificiorum initia tradere, Iovem imperium caelestium tenere, Martem

bella regere. Huic, cum proelio dimicare constituerunt, ea quae bello ceperint plerumque devovent: cum superaverunt, animalia capta immolant reliquasque res in unum locum conferunt. Multis in civitatibus harum rerum exstructos tumulos locis consecratis conspicari licet; neque saepe accidit, ut neglecta quispiam religione aut capta apud se occultare aut posita tollere auderet, gravissimumque ei rei supplicium cum cruciatu constitutum est.

18. Galli se omnes ab Dite patre prognatos praedicant idque ab druidibus proditum dicunt. Ob eam causam spatia omnis temporis non numero dierum sed noctium finiunt; dies natales et mensum et annorum initia sic observant ut noctem dies subsequatur. In reliquis vitae institutis hoc fere ab reliquis differunt, quod suos liberos, nisi cum adoleverunt, ut munus militiae sustinere possint, palam ad se adire non patiuntur filiumque puerili aetate in publico in conspectu patris adsistere turpe ducunt...

21. Germani multum ab hac consuetudine differunt. Nam neque druides habent, qui rebus divinis praesint, neque sacrificiis student. Deorum numero eos solos ducunt, quos cernunt et quorum aperte opibus iuvantur, Solem et Vulcanum et Lunam, reliquos ne fama quidem acceperunt. Vita omnis in venationibus atque in studiis rei militaris consistit: ab parvulis labori ac duritiae student. Qui diutissime impuberes permanserunt, maximam inter suos ferunt laudem: hoc ali staturam, ali vires nervosque confirmari putant. Intra annum vero vicesimum feminae notitiam habuisse in turpissimis habent rebus; cuius rei nulla est occultatio, quod et promiscue in fluminibus perluuntur et pellibus aut parvis renonum tegimentis utuntur magna corporis parte nuda.

22. Agriculturae non student, maiorque pars eorum victus in lacte, caseo, carne consistit. Neque quisquam agri modum certum aut fines habet proprios; sed magistratus ac principes in annos singulos gentibus cognationibusque hominum, qui una coierunt, quantum et quo loco visum est agri attribuunt atque anno post alio transire cogunt. Eius rei multas adferunt causas: ne adsidua consuetudine capti studium belli gerendi agricultura commutent; ne latos fines parare studeant, potentioresque humiliores possessionibus expellant; ne accuratius ad frigora atque aestus vitandos aedificent; ne qua oriatur pecuniae cupiditas, qua ex re factiones dissensionesque nascuntur; ut animi aequitate

plebem contineant, cum suas quisque opes cum potentissimis aequari videat...

24. Ac fuit antea tempus, cum Germanos Galli virtute superarent, ultro bella inferrent, propter hominum multitudinem agrique inopiam trans Rhenum colonias mitterent. Itaque ea quae fertilissima Germaniae sunt loca circum Hercyniam silvam, quam Eratostheni et quibusdam Graecis fama notam esse video, quam illi Orcyniam appellant, Volcae Tectosages occupaverunt atque ibi consederunt; quae gens ad hoc tempus his sedibus sese continet summamque habet iustitiae et bellicae laudis opinionem. Nunc quod in eadem inopia, egestate, patientia qua Germani permanent, eodem victu et cultu corporis utuntur; Gallis autem provinciarum propinquitas et transmarinarum rerum notitia multa ad copiam atque usus largitur, paulatim adsuefacti superari multisque victi proeliis ne se quidem ipsi cum illis virtute comparant.

25. ...Multaque in ea (sc. silva) genera ferarum nasci constat, quae reliquis in locis visa non sint; ex quibus quae maxime differant ab ceteris et memoriae prodenda videantur haec sunt.

26. Est bos cervi figura, cuius a media fronte inter aures unum cornu exsistit excelsius magisque directum his, quae nobis nota sunt, cornibus: ab eius summo sicut palmae ramique late diffunduntur. Eadem est feminae marisque natura, eadem forma magnitudoque cornuum.

27. Sunt item, quae appellantur alces. Harum est consimilis capris figura et varietas pellium, sed magnitudine paulo antecedunt mutilaeque sunt cornibus et crura sine nodis articulisque habent neque quietis causa procumbunt neque, si quo adflictae casu conciderunt, erigere sese aut sublevare possunt. His sunt arbores pro cubilibus: ad eas se applicant atque ita paulum modo reclinatae quietem capiunt. Quarum ex vestigiis cum est animadversum a venatoribus, quo se recipere consuerint, omnes eo loco aut ab radicibus subruunt aut accidunt arbores, tantum ut summa species earum stantium relinquatur. Huc cum se consuetudine reclinaverunt, infirmas arbores pondere adfligunt atque una ipsae concidunt.

28. Tertium est genus eorum, qui uri appellantur. Hi sunt magnitudine paulo infra elephantos, specie et colore et

figura tauri. Magna vis eorum est et magna velocitas, neque homini neque ferae quam conspexerunt parcunt. Hos studiose foveis captos interficiunt. Hoc se labore durant adulescentes atque hoc genere venationis exercent, et qui plurimos ex his interfecerunt, relatis in publicum cornibus, quae sint testimonio, magnam ferunt laudem. Sed adsuescere ad homines et mansuefieri ne parvuli quidem excepti possunt. Amplitudo cornuum et figura et species multum a nostrorum boum cornibus differt. Haec studiose conquisita ab labris argento circumcludunt atque in amplissimis epulis pro poculis utuntur.

7.2   Describe the three animals mentioned below, using the beginnings supplied below and the sentence-completions underneath. The case of the words in the sentence-completions will have to be adjusted where necessary. More than one of the sentence-completions may be joined with each beginning.

Bos est animal

_____

_____

_____

Alces est animal

_____

_____

_____

Urus est animal

_____

_____

_____

cornu sicut palma ramusque divisum   magna ferocitas
crura sine nodis articulisque   magnitudo paene elephanti
figura capri   species, color, figura tauri
figura cervi

7.3   Describe the customs of the Gauls and the Germans, using the beginnings supplied below and the sentence-completions underneath. The case of the works in the sentence-completions will have to be adjusted where necessary. More than one of the sentence-completions may be joined with each beginning.

Galli sunt homines

_____

_____

_____

Germani sunt homines

_____

_____

_____

magna religio
magna crudelitas (propter sacrificia humana)
modica fides
eximia duritia
mores severiores

7.4   Complete the following sentences using the words in parentheses. The form of these words will have to be changed to fit the sentences.

Germani agriculturae non student ideoque (frumentum aliaque quae a terra proveniunt) carent, sed (lac, caseus, caro) abundant. Nemo inter Germanos agrum (multa iugera) possidet nec fines vere proprios. Unusquisque tantum (ager) habet quantum a magistratibus et principibus ei est traditum.

7.5   Complete the following sentences using the words in parentheses. The form of these words will have to be changed to fit the sentences. In some cases, prepositions are to be added.

Druides praedicant Gallos esse prognatos (Dis). (is) proveniunt omnes, non tantum (illustrior locus), sed etiam (humilior locus) nati. Germani non putant se (ullus deus) esse ortos. Apud Gallos maius discrimen est inter oriundos (amplissimae familiae) et (humiles familiae). Apud Germanos vero exaequantur homines (inferior stirps) et (superior stirps).

7.6 **Fill in the blanks in the dialogue below, using words from the list that follows the dialogue. Some of the blanks will need to be filled by more than one word.**

This exchange between teacher and students takes place in a nineteenth-century school where the students read *Commentarii de bello Gallico.*

Magister: Surgas, _____, et venias ad me ut de Caesare te interrogem!

Discipulus improbus (cui nomen Marcus): Vix possum hodie de Caesare quicquam dicere.

Magister: Qua de causa?

Marcus: Nam heri _____ vehementer laborabam nec licebat propter _____ locum Caesaris perlegere.

Magister: Suspicor te potius _____ laboravisse atque etiam nunc laborare. Malam igitur notam a me accipies. At tu, _____, qui te semper magis sedulum praebes, fortasse nobis _____ narrare poteris.

Discipulus sedulus (cui nomen Valerius): Libenter omnibus tuis, magister, interrogatis respondebo.

Magister: Quam rem describit Caesar in iis capitibus libri sexti commentariorum de bello Gallico quae domi perlegere debuistis?

Valerius: Caesar _____ et _____ Gallorum atque Germanorum loquitur.

Magister: Utra gens fortior in dimicando videtur?

Valerius: Quondam Galli fortiores _____ fuerunt, sed postea sunt debilitati. Germani vero _____ et _____ excellunt.

Magister: At suntne Germani boni agricultores?

Valerius: Minime. Germani agriculturae omnino non student neque singuli homines certum agrum habent. Magistratus singulis annis singulas agrorum portiones vel portiunculas gentibus hominibusque tradunt.

Magister: Cur hoc fit?

Valerius: Agros in perpetuum distribuere nolunt _____ Nam timent ne agris certis in perpetuum distributis homines terrae avidiores fiant studiumque belli gerendi imminuatur.

Magister: Si agros non colunt, qua in re studium suum Germani collocant?

Valerius: Ut dixi, Germani milites fortissimi sunt atque venatores. Victus eorum _____ et _____ constat.

Magister: Coluntne Germani eosdem deos quos Galli, scilicet Mercurium, Apollinem, Martem, Iovem, Minervam, Ditem?

Valerius: Minime. Germani _____ carent, sed tantum ea numina quae aperte cernuntur honorant qualia sunt Sol, Vulcanus et Luna.

Magister: Bene respondes. Statim patet te diligentissimum _____ esse. At nunc pergamus de Gallis loqui. Quid de eorum religione nobis narrare cupis?

Valerius: Galli religioni valde sunt dediti. Apud eos poena gravissima est, si quis a sacrificiis interdicitur. Tamen in rebus religiosis Galli _____ esse apparent.

Magister: Verumne ais? Quae signa sunt immanitatis?

Valerius: Interdum homines immolantur, praesertim latrones capti, sed etiam innocentes, si latrones desunt. Item una cum mortuis eorum servi atque clientes sepeliuntur. Quid dicam de eo quod mulieres excrucientur atque interficiuntur, quarum mariti decesserint, si ulla de morte suspicio erit exorta?

Marcus: Heus, magister, de talibusne rebus nos discere cogis? Melius feci quod nihil eiusmodi didici.

Magister: Tace, improbe! Ex commentariis quos scripsit Caesar scimus _____ proventuri fuerint homines Europaei recentiores, nisi Romani, qui ipsi multa a Graecis exceperant, novum ordinem per totam Europam propagassent. Tu vero, qui talia discere non vis, barbarus ipse manebis.

Caesar	ex	mores	immanitas
caput	ferocitas	omnes	quales gentes
caro	Germani	discipuli	Valerius
caseus	instituta	pigritia	
de	lac	plures dei	
dolor	Marcus	prae	
duritia	metus	quaedam	

7.7 **Complete the following text using the words in parentheses. The endings of nouns, adjectives, pronouns, verbs should be changed appropriately. Word-order within parentheses can be changed, but no words should be added or removed.**

(omnis inter ordo Gallus) ordo Druidum est potentissimus. Nam non solum (doctrina et scientia) aliis hominibus (praestare credere), sed etiam (pauciora onera) sunt obnoxii quam (reliquus). Iuvenes (res causa discere arcana) ad Druides mittuntur, qui permulta (anima immortalitas de) coram his magistris accipiunt, quo scilicet (timor mors oppetere ad sine) sint paratiores. "Unus quisque nostrum," inquiunt Druides, "(constare corpus anima et e). Anima (corpus) multo est (diuturnus). Corpus enim moritur, sed anima post corporis mortem in aliud corpus migrat." Galli et praesertim Druides plerasque gentes (superare memoria). Doctrinam enim sacram, quae apud eos (destinare paucus), litteris mandare nolunt. Hanc igitur doctrinam, quam (res pretiosissimus omnis) credunt, memoriter tradere coguntur. (alius tradere autem res ad) litteris Graecis utuntur.

7.8 **A dialogue about the rituals of the Gauls.**

A Roman is asking questions. Supply the Gaul's answers. Material for the answers will be found in the text of Caesar above. Every answer should consist of a full sentence.

Rom. Inter deos vestros qui habetur maximus et potentissimus?

Gall. _____

Rom. Mercurius artium est inventor viarumque dux. Sed ad quas alias res provehendas a vobis praecipue colitur Mercurius?

Gall. _____

Rom. Cuius rei gratia Apollinem colitis?

Gall. _____

Rom. Quibus rebus Iuppiter superior quam alii dei a vobis esse putatur?

Gall. _____

Rom. Quem omnium deorum in re bellica potentissimum creditis?

Gall. _____

Rom. Bellis a vobis confectis, tumuli a vobis exstruuntur: qua ex materia constant tumuli vestri?

Gall. _____

Rom. Cuius rei gratia tumuli illi locis consecratis a vobis exstruuntur?

Gall. _____

7.9   **Complete the following sentences using the words in parentheses. The form of these words will have to be changed to fit the sentences.**

a.   **Gall.** (Quae res), O (Germanus), consuetudines gentis tuae a nostris moribus maxime differunt?

b.   **Germ.** Deorum (cultus), ni fallor, a Gallis longissime distamus.

c.   **Gall.** De (sacra Germanica) plura abs te, o (hospites), discere velim.

d.   Solem et Vulcanum et Lunam, nec ullos deos alios, (auxilium poscendum) gratia adire solemus. Quos quidem coniunctos fere semper his verbis invocamus: "(Adiuvare) nos, o (deus potentissimus) et gentem nostram (tueri)." Si singillatim sunt alloquendi, aliis verbis utimur. Solem, verbi gratia, hoc pacto salutamus: "Luce nos tua, o (dea benefica), caloreque almo (fovere)." Deos, quos colunt aliae gentes, ne fama quidem accepimus.

e.   Plura nunc, (amicus), de (alius Germanus mos) audire cupio.

f.   Agriculturae minime sumus studiosi. Iuvenum animos nihil (apparatus bellicus) magis excitat. Alimenta corporum nostrorum optima non ex frumento sed (lac ex caroque consto) credimus. Agri omnes apud nos sunt communes: studemus enim ne quis (ullae res alii homines) praestare videatur.

Latin expressions for hope

Spero fore.

Nonnulla spes est fore.

Venio in spem.

Vocor in spem.

Erectus in spem.

Concipio spem de te optimam.

Nonnulla me spes habet.

Maxima teneor spe.

Adducor in spem.

Nonnulla me spes cepit.

Spei nonnihil affulsit, arridet, blanditur.

Free composition

Write a brief paragraph in which at least two of the above expressions are employed. This should be the beginning of the paragraph:

Sunt homines qui, si difficultates patiantur, facile a spe abiciantur atque frangantur. Semper tamen putavi...

Latin proverb

Refricare cicatricem (Cicero, *De lege agraria*, 3, 2, 4)

Literally, 'to rub a scar again'. The proverb is used to refer to the renewal of a psychological pain only recently healed.

Free composition

Write a short composition exemplifying the use of this proverb. This should be the beginning of the paragraph:

Multis abhinc annis, cum peregrinarer, amore vehementi flagravi. Postea tamen domum redire debui et amor magno cum dolore est interruptus. At hodie media in urbe ambulabam et ex improviso...

8

Statement of fact, negative statement of fact, statement of possibility, and counterfactual statement

Reading: Cicero, De amicitia, 19-23.
(Allen and Greenough, 124, 195-196, 273-274, 318-321; Bradley's Arnold, 79-80, 99-100; Minkova, 2- 9)

8.1 Carefully read the text below.

Laelius (De amicitia) was a dialogue that Cicero (106 B.C. -43 B.C.) dedicated to his best friend Atticus. In this dialogue, the nature, the obligations and the limits of friendship are described in a way that has been valid for all times.

Cic. De amicitia, 19-23

Agamus igitur pingui, ut aiunt, Minerva. Qui ita se gerunt, ita vivunt ut eorum probetur fides, integritas, aequitas, liberalitas, nec sit in eis ulla cupiditas, libido, audacia, sintque magna constantia, ut ii fuerunt modo quos nominavi, hos viros bonos, ut habiti sunt, sic etiam appellandos putemus, quia sequantur, quantum homines possunt, naturam optimam bene vivendi ducem. Sic enim mihi perspicere videor, ita natos esse nos ut inter omnes esset societas quaedam, maior autem ut quisque proxime accederet. Itaque cives potiores quam peregrini, propinqui quam alieni; cum his enim amicitiam natura ipsa peperit; sed ea non satis habet firmitatis. Namque hoc praestat amicitia propinquitati, quod ex propinquitate benevolentia tolli potest, ex amicitia non potest; sublata enim benevolentia amicitiae nomen tollitur, propinquitatis manet.

20. Quanta autem vis amicitiae sit, ex hoc intellegi maxime potest, quod ex infinita societate generis humani, quam conciliavit ipsa natura, ita contracta res est et adducta in angustum ut omnis caritas aut inter duos aut inter paucos iungeretur. Est enim amicitia nihil aliud nisi omnium divinarum humanarumque rerum cum benevolentia et caritate consensio; qua quidem haud scio an excepta sapientia nihil melius homini sit a dis immortalibus datum. Divitias alii praeponunt, bonam alii valetudinem, alii potentiam, alii honores, multi etiam voluptates. Beluarum hoc quidem extremum, illa autem superiora caduca et incerta, posita non tam in consiliis nostris quam in fortunae temeritate. Qui autem in virtute summum bonum ponunt, praeclare illi quidem, sed haec ipsa virtus amicitiam et gignit et continet nec sine virtute amicitia esse ullo pacto potest.

21. Iam virtutem ex consuetudine vitae sermonisque nostri interpretemur nec eam, ut quidam docti, verborum magnificentia metiamur virosque bonos eos, qui habentur, numeremus, Paulos, Catones, Galos, Scipiones, Philos; his communis vita contenta est; eos autem omittamus, qui omnino nusquam reperiuntur.

22. Talis igitur inter viros amicitia tantas opportunitates habet quantas vix queo dicere. Principio qui potest esse vita 'vitalis', ut ait Ennius, quae non in amici mutua benevolentia conquiescit? Quid dulcius quam habere quicum omnia audeas sic loqui ut tecum? Qui esset tantus fructus in prosperis rebus, nisi haberes, qui illis aeque ac tu ipse gauderet? Adversas vero ferre difficile esset sine eo qui illas gravius etiam quam tu ferret. Denique ceterae res quae expetuntur opportunae sunt singulae rebus fere singulis, divitiae, ut utare, opes, ut colare, honores, ut laudere, voluptates, ut gaudeas, valetudo, ut dolore careas et muneribus fungare corporis; amicitia res plurimas continet; quoquo te verteris, praesto est, nullo loco excluditur, numquam intempestiva, numquam molesta est; itaque non aqua, non igni, ut aiunt, locis pluribus utimur quam amicitia. Neque ego nunc de vulgari aut de mediocri, quae tamen ipsa et delectat et prodest, sed de vera et perfecta loquor, qualis eorum qui pauci nominantur fuit. Nam et secundas res splendidiores facit amicitia et adversas partiens communicansque leviores.

23. Cumque plurimas et maximas commoditates amicitia contineat, tum illa nimirum praestat omnibus, quod bonam spem praelucet in posterum nec debilitari animos aut cadere patitur. Verum enim amicum qui intuetur, tamquam exemplar aliquod intuetur sui. Quocirca et absentes adsunt et egentes abundant et imbecilli valent et, quod difficilius dictu est, mortui vivunt; tantus eos honos, memoria, desiderium prosequitur amicorum. Ex quo illorum beata mors videtur, horum vita laudabilis. Quod si exemeris ex rerum natura benevolentiae coniunctionem, nec domus ulla nec urbs stare poterit, ne agri quidem cultus permanebit. Id si minus intellegitur, quanta vis amicitiae concordiaeque sit, ex dissensionibus atque ex discordiis percipi potest. Quae enim domus tam stabilis, quae tam firma civitas est, quae non odiis et discidiis funditus possit everti? Ex quo quantum boni sit in amicitia iudicari potest.

8.2. **In each sentence, change the mood and the tense according to the indications given in parentheses.**

a. Quocirca et absentes adsunt et egentes abundant et imbecilli valent et mortui vivunt; tantus eos honos, memoria, desiderium prosequitur amicorum. (potential of present and future)

b. Ex quo illorum beata mors videtur, horum vita laudabilis. (present counterfactual)

c. Nec domus ulla nec urbs stabit, ne agri quidem cultus permanebit. (past counterfactual)

d. Talis igitur inter viros amicitia tantas opportunitates habet quantas vix queo dicere. (potential of present and future)

e. Multos tali amicitia fruentes videtis: talem concordiam admiramini. (potential of past)

f. Verum illum amicum intueris tamquam exemplar aliquod tui. (potential of present)

8.3 **Change the interrogative sentences into negative ones without changing the general meaning of each sentence.**

Example:

Interrogative: Quae res amicitia melior esse potest?

Negative: Nulla res melior amicitia esse potest.

a. Principio qui potest esse vita 'vitalis', ut ait Ennius, quae non in amici mutua benevolentia conquiescit?

    b.   Quid dulcius quam habere quicum omnia audeas sic loqui ut tecum?

    c.   Qui esset tantus fructus in prosperis rebus, nisi haberes, qui illis aeque ac tu ipse gauderet?

    d.   Quae enim domus tam stabilis, quae tam firma civitas est, quae non odiis et discidiis funditus possit everti?

8.4   **In every sentence below you will see some words in parentheses. Substitute in their place two negative words that together will have a positive sense. Sometimes the number of the verb will have to be changed in agreement with the number of the subject.**

   Example:
   (Quidam) amicitiam omnibus rebus anteponunt.
   Non nulli amicitiam omnibus rebus anteponunt.
   (Omnes) virtutes in se continet amicitia.
   Nullam virtutem in se non continet amicitia.

    a.   (Omnes) amicitiam laudant.

    b.   (Omnes boni) naturam optimam bene vivendi ducem sequuntur.

    c.   Etiam inter alienos (quosdam) (aliquando) intercedit amicitia.

    d.   Amicitia hoc (semper) propinquitati praestat, quod amicitia (ubique) cum benevolentia iungitur.

    e.   De amicitia (aliquid) e sapientium dictis discemus.

    f.   (Omnia emolumenta) in se continet amicitia.

    g.   Amicitia plurimas res continet: (semper) est praesto; (omnibus locis) includitur; (omnibus) hominum (coetibus) est tempestiva.

8.5   **Complete the following sentences using the elements provided in parentheses. The endings of nouns, adjectives, pronouns, verbs should be changed appropriately. Word-order within parentheses can be changed, but no words should be added or removed.**

   (homo inter ullus numquam) vis potentior amicitia fuit. (nisi haec nusquam caritas inveniri) inter duos aut inter paucos. (nisi est enim amicitia quid) omnium divinarum humanarumque rerum cum benevolentia et caritate consensio? (amicitia melius quid enim) homini est a dis immortalibus datum? (Dicere) forsitan quispiam in virtute summum bonum esse positum: responderim equidem (ne quidem virtus) amicitiae esse anteponendam. (posse dicere aliquis) amicitiam ipsa virtute esse genitam: praeclare ille quidem, sed alteram esse sine altera (ullus modus posse negare semper). Sine amicitia vita non esset 'vitalis': nos scilicet sine amicitia (quam vivere animalia melius haud). Sine amicitia divitiae, bona valetudo, potentia, honores (sum caducus et incertus).

Latin expressions for intention

> Erat animus, erat in animo.
>
> Proposueram, statueram, decreveram, constitueram.
>
> Stat sententia.
>
> Non est sententia.
>
> Non est consilii.
>
> Non est ratio.
>
> Visum erat ad vos remigrare.
>
> Habebam in animo.
>
> Sic apud animum meum statuo.

Free composition

> Write a brief paragraph in which at least two of the above expressions are employed. This should be the beginning of the paragraph:
>
> *Philosophos summi semper censebam, philosophiamque ipse colere numquam non cupiebam. Nolim tamen vitam in his studiis consumere totam....*

Latin proverb

> **Mihi istic nec seritur nec metitur** (Plautus, *Epidicus*, 265)
>
> Literally, 'I neither sow nor harvest there'. The proverb indicates that someone does not want to invest in something and expects no profit from it, and does not care at all about it.

Free composition

> Write a short composition exemplifying the use of this proverb. This should be the beginning of the paragraph:
>
> *Non solum parentes, sed etiam praeceptores quidam me hortabantur ut legibus operam darem, iurisque consultus fierem. Nec nego legum professionem mihi adhuc arridere: magistri enim mei me disputatorem laudabant subtilissimum...*

9

Question, doubt or deliberation, command, prohibition, exhortation, wish, concession, exclamation

Reading: Plautus, Curculio, 599-678.
(Allen and Greenough, 197-200, 270-277, 283; Bradley's Arnold, 93-95, 97-105; Minkova, 9-22)

9.1   **Carefully read the part of Plautus's comedy that follows.**

Plautus (about 250 B.C. −184 B.C.) is an author of comedies, twenty-one of which have come down to us. These are the most ancient dramatic texts that we have in Latin. Plautus follows the patterns of the Greek New Comedy, but adds to it a Roman color. His language is vivid and very expressive. In *Curculio* a pair of unfortunate lovers pass through many peripeties before finally being reunited. The title comes from the name of one of the characters, the parasite Curculio. In modern literature, Curculio survives in the persona of Harlequin.

Plautus, Curculio, 599-678

Planesium: Phaedrome, propera.

Phaedromus: Quid properem?

Plan.: Parasitum ne amiseris. Magna res est.

Curculio: Nulla est mihi, nam quam habui absumpsi celeriter.

Phaed.: Teneo. Quid negotist?

Plan.: Rogita unde istunc habeat anulum. Pater istum meus gestitavit.

Curculio: At mea matertera.

Plan.: Mater ei utendum dederat.

Curc.: Pater vero is rusum tibi.

Plan.: Nugas garris.

Curc.: Soleo, nam propter eas vivo facilius.

Plan.: Quid nunc? Obsecro, parentes ne meos mihi prohibeas.

Curc.: Quid ego? Sub gemmane abstrusos habeo tuam matrem et patrem?

Plan.: Libera ego sum nata.

Curc.: Et alii multi qui nunc serviunt.

Phaed.: Enim vero irascor.

Curc.: Dixi equidem tibi, unde ad me hic pervenerit. Quotiens dicendum est? Elusi militem, inquam, in alea.

Therapontigonus: Salvos sum, eccum quem quaerebam. Quid agis, bone vir?

Curc.: Audio. Si vis tribus bolis, vel in chlamydem.

Ther.: Quin tu is in malam crucem cum bolis, cum bulbis? Redde mihi iam argentum aut virginem.

Curc.: Quod argentum, quas tu mihi tricas narras? Quam tu virginem me reposcis?

Ther.: Quam ab lenone abduxti hodie, scelus viri.

Curc.: Nullam abduxi.

Ther.: Certe eccistam video.

Phaed.: Virgo haec libera est.

Ther.: Mean ancilla libera ut sit, quam ego numquam emisi manu?

Phaed.: Quis tibi hanc dedit mancipio? Aut unde emisti? Fac sciam.

Ther.: Ego quidem pro istac rem solvi ab trapezita meo. Quam ego pecuniam quadruplicem abs te et lenone auferam.

Phaed.: Qui scis mercari furtivas atque ingenuas virgines, ambula in ius.

Ther.: Non eo.

Phaed.: Licet te antestari?

Ther.: Non licet.

Phaed.: Iuppiter te, miles, perdat, intestatus vivito; at ego, quem licet, te. Accede huc.

Ther.: Servom antestari?

Curc.: Vide. Em ut scias me liberum esse. Ergo ambula in ius.

Ther.: Em tibi.

Curc.: O cives, cives.

Ther.: Quid clamas?

Phaed.: Quid tibi istum tactio est?

Ther.: Quia mihi lubitum est.

Phaed.: Accede huc tu, ego illum tibi dedam, tace.

Plan.: Phaedrome, obsecro serva me.

Phaed.: Tamquam me et genium meum. Miles, quaeso ut mihi dicas unde illum habeas anulum, quem parasitus hic te elusit.

Plan.: Per tua genua te obsecro, ut nos facias certiores.

Ther.: Quid istuc ad vos attinet? Quaeratis chlamydem et machaeram hanc unde ad me pervenerit.

Curc.: Vt fastidit gloriosus.

Ther.: Mitte istum, ego dicam omnia.

Curc.: Nihil est quod ille dicit.

Plan.: Fac me certiorem, obsecro.

Ther.: Ego dicam, surge. Hanc rem agite atque animum advortite. Pater meus Periplanes habuit Planesium; is prius quam moritur mihi dedit tamquam suo, ut aequom fuerat, filio.

Plan.: Pro Iuppiter.

Ther.: Et isto me heredem fecit.

Plan.: Pietas mea, serva me, quando ego te servavi sedulo. Frater mi, salve.

Ther.: Qui credam ego istuc? Cedo, si vera memoras, quae fuit mater tua?

Plan.: Cleobula.

Ther.: Nutrix quae fuit?

Plan.: Archestrata. Ea me spectatum tulerat per Dionysia. Postquam illo ventum est, iam, ut me collocaverat, exoritur ventus turbo, spectacla ibi ruont, ego pertimesco: tum ibi me nescio quis arripit timidam atque pavidam, nec vivam nec mortuam. Nec quo me pacto abstulerit possum dicere.

Ther.: Memini istanc turbam fieri. Sed tu dic mihi, ubi is est homo qui te surripuit?

Plan.: Nescio. Verum hunc servavi semper mecum una anulum; cum hoc olim perii.

Ther.: Cedo, ut inspiciam.

Curc.: Sanan es, quae isti committas?

Plan.: Sine modo.

Ther.: Pro Iuppiter, hic est quem ego tibi misi natali die. Tam facile novi quam me. Salve, mea soror.

Plan.: Frater mi, salve.

Phaed.: Deos volo bene vortere istam rem vobis.

Curc.: Et ego nobis omnibus: tu ut hodie adveniens cenam des sororiam hic nuptialem cras dabit. Promittimus.

Ther.: Tace tu.

Curc.: Non taceo, quando res vortit bene. Tu istanc desponde huic, miles. Ego dotem dabo.

Ther.: Quid dotis?

Curc.: Egone? Ut semper, dum vivat, me alat. Verum hercle dico.

Ther.: Me lubente feceris. Sed leno hic debet nobis triginta minas.

Phaed.: Quam ob rem istuc?

Ther.: Quia ille ita repromisit mihi: si quisquam hanc liberali asseruisset manu, sine controversia omne argentum reddere. Nunc eamus ad lenonem.

Curc.: Laudo.

Phaed.: Hoc prius volo, meam rem agere.

Ther.: Quid id est?

Phaed.: Vt mihi hanc despondeas.

Curc.: Quid cessas, miles, hanc huic uxorem dare?

Ther.: Si haec volt.

Plan.: Mi frater, cupio.

Ther.: Fiat.

Curc.: Bene facis.

Phaed.: Spondesne, miles, mi hanc uxorem?

Ther.: Spondeo.

Curc.: Et ego hoc idem una spondeo.

Ther.: Lepide facis. Sed eccum lenonem, incedit, thensaurum meum.

9.2. Find in the text above all the questions, rhetorical questions (that have the sense of a statement of fact, or of a negative statement of fact), all the expressions of doubt or deliberation, command, prohibition, exhortation, wish, concession, or exclamation.

9.3. Read the short stories that follow. Then complete the dialogues using the elements provided in parentheses. From these elements should be created questions, deliberative sentences, commands, prohibitions, exhortations, wishes, concessions, and exclamations, according to the meaning that would be appropriate.

a. Phaedromus Planesii amore deperit. Planesium tamen est in potestate avidi lenonis Cappadocis. Phaedromus satis pecuniae non habet ad Planesium redimendam. Itaque Curculionem parasitum suum in Cariam mittit qui ab amico quodam pecuniam mutuetur.

Phaedromus: (dubitat de eo quod facere debet, de loco quo se vertere debet):

_____

Depereo amore Planesium.

(appellat lenonem scelestum, quia Planesium tenet atque pro ea magnam pecuniae copiam postulat)

_____

(dubitat de loco unde pecuniam invenire potest)

_____

(vocat Curculionem parasitum ut ad se veniat)

_____

Curculio: Ecce, domine, venio. Num ad cenam me vocasti?

Phaed.: (negat; dein rogat Curculionem ut eat in Cariam et ab amico suo pecuniam mutuetur)

_____

(imperat Curculioni ne moretur)

_____

b.   In Caria Curculio amicum Phaedromi convenit, qui nullam pecuniam habet. Postea fortuito Therapontigono militi obviam it. Curculio et Therapontigonus una cenant. Therapontigonus narrat virginem quandam Planesium a se emptam esse. Lenonem Cappadocem virginem ei traditurum esse qui tabellas anulo militis obsignatas praebuerit. Curculio a milite ebrio anulum furatur. Hac ratione Planesium Phaedromo traditur.

Curculio: *qui versatur in Caria et loquitur cum amico Phaedromi* Huc veni, mi bone vir, ut pecuniam a te mutuer.

(interrogat utrum amicus pecuniam sibi dare possit)

_____

Amicus: Quid dicis? Ipse pauper sum. Sacculus meus plenus est aranearum. Nihil tibi dare possum.

Curc.: Puto te mentiri. Sermo tuus plenus est mendaciorum.

Amicus: Verum dico. Quidni fidem mihi tribuas?

Curc.: (fatetur eum esse pauperem, quamquam hoc revera non credit)

_____

Curculio abit. Non multo postea Curculio et miles fortuito conveniunt.

Miles: (hortatur ut ambo ad cenam una eant)

_____

Inter cenam ambo colloquuntur.

Miles: *glorians* Modo puellam pulchellam mihi emi. Planesium ei nomen. Cappadox leno eam tenet. Mox eam habebo.

(optat ut quam primum in possessione sua eam habeat)

_____

Curc.: (ipse vult Planesium in possessione habere, sed non habet)

_____

Miles iam temulentus est. Curculio sibimetipsi susurrat.

Curc.: Phaedromus iam diu me et pecuniam exspectat.

(vult iam antea ad Phaedromum redire potuisse; sed redire non potuit)

_____

At nunc occasio mihi arridet. Nulla pecunia mihi commodata est, sed ipse ab hoc milite vino gravi anulum mutuabor. Tunc Phaedromus litteras suas anulo eius obsignabit et tandem Planesium suam a lenone accipiet.

c.   Planesium Phaedromo a Therapontigono fratre uxor traditur. Cappadox invitus Therapontigono pecuniam reddit. Nam promiserat, si virgo libera nata esset, se totam pecuniam emptori repensurum.

Therapontigonus: (rogat Cappadocem ut statim pecunia data sibi reddatur)

_____

Cappadox: (interrogat de causa pecuniae reposcendae)

_____

Ther.: Virgo enim quam mihi vendidisti libera est nata. Eodem patre eademque matre ac ego Planesium est prognata. Ex anulis inter nos agnovimus. Trade igitur pecuniam meam. (monet esse cavendum ne moretur)

_____

Capp.: (pecuniam tradit et execrationem profert, i.e., optat iter Therapontigoni in malam crucem)

_____

9.4 **Complete the dialogue using the elements provided in parentheses, according to the sense of the dialogue. The form of some of the words in parentheses and their order will have to be changed.**

Post nuptias celebratas Planesium et Phaedromus inter se garriunt.

Phaedromus: Tandem aliquando, corculum meum, tecum esse licet. (expectare tam diu ne utinam) _____

Planesium: (praeteritae de tam saepe utinam cogitare aerumnae ne)

_____ Nunc una sumus atque gaudere possumus. Tam infelix apud illum lenonem improbum fui! Omnes me pro serva habebant nec poteram a meo dilecto amari.

Phaed.: At dic mihi, mi ocelle. (coepisse ego amare quando) _____

_____ Nam ego cum primum te aspexi, amore tui statim flagravi.

Plan.: (dicere verus -ne) _____

Putabam te imprimis me non animadvertere.

Phaedr.: (animadvertere ego non tu) _____

(insanio num) _____ Semper volebam te uxorem ducere, sed satis pecuniae mihi non erat ut te a lenone avaro redimerem. (facere quid)_____

Plan.: Parasitus tuus tam inutilis non erat quam tibi videbatur. Nam anulum militis qui me emerat surripere potuit. Itaque litteris et pecunia illius militis fretus me emere potuisti. At postea cognovimus militem fratrem esse meum germanum. Quot aerumnas sumus perpessi!

Phaed.: (de at aerumnae nunc loqui tu nolo) _____

_____ (gaudeo nos) _____

Latin expressions for "do as you want"

Utcunque voles facito.

Quidlibet et dicas et facias licebit.

Tuo arbitratu facito.

Tuo arbitrio rem gere.

Utcunque visum erit agito.

Animo tuo gerito morem.

Obsequere animo tuo.

Ex animi tui libidine facito.

Pro animi tui sententia rem tractabis.

Ut animo lubitum erit tuo, ita facies.

Utcunque feret animus, ita facito.

Age tuo more.

Free composition

Write a brief paragraph in which at least two of the above expressions are employed. This should be the beginning of the paragraph:

Quodcumque facio, fortuna mihi adversari videtur. Quae peto mihi denegantur, quae autem vitare conor semper accidunt…

Latin proverb

Albae gallinae filius (Juvenal, 13, 141)

Literally, 'a son of a white hen'. The proverb applies to people born under a lucky star.

Free composition

Write a short composition exemplifying the use of this proverb. This should be the beginning of the paragraph:

Quos homines beatos censere debeam? Divitesne? Famane pollentes? Bonane valetudine fruentes? Donane amoris gustantes?…

10

Impersonal verbs

Reading: Thomas More, Utopia, II, De commerciis mutuis; II, De peregrinatione Utopiensium.

(Allen and Greenough, 114-115, 213-214; Bradley's Arnold, 121-124, 175-177)

10.1 Carefully read the text below.

Thomas More (1478-1535) is one of the greatest figures in English history, a scholar, a statesman, and a major contributor to Neo-Latin literature. He was beheaded as a traitor by Henry VIII for refusing to acknowledge the king's supremacy over the church. His best known work is *Utopia* (a Greek coinage meaning "nowhere"), describing an imaginary island with a perfectly happy and balanced society. Scholars still debate whether More's description is serious or ironical.

T. Mori Utopiae Lib. II, De commerciis mutuis

.....Sed prima ratio aegrotorum habetur, qui in publicis hospitiis curantur. Nam quattuor habent in ambitu civitatis hospitia paulo extra muros, tam capacia ut totidem oppidulis aequari possint, tum ut neque aegrotorum numerus quamlibet magnus anguste collocetur, et per hoc incommode, tum quo hi qui tali morbo teneantur, cuius contagio solet ab alio ad alium serpere, longius ab aliorum coetu semoveri possint. Haec hospitia ita sunt instructa atque omnibus rebus quae ad salutem conferant referta; tum tam tenera ac sedula cura adhibetur, tam assidua medicorum peritissimorum praesentia, ut cum illuc nemo mittatur invitus, nemo tamen fere in tota urbe sit, qui adversa valetudine laborans non ibi decumbere quam domi suae praeferat...

10.2 **Rewrite the following sentences, using impersonal verbs that would convey the sense indicated in parentheses. You can choose from the following list:**

licet

oportet

necesse est.

Example:

Incolae primam rationem aegrotorum habere debent. (obligation and duty) – *Incolas primam rationem aegrotorum habere oportet.* (or) *Incolae primam rationem aegrotorum habeant oportet.*

a. Aegroti publicis in hospitiis sunt curandi. (necessity)

b. Hospitia paulo extra muros erant magistratibus collocanda. (obligation and duty)

c. Sinuntur aegroti in hospitiis capacissimis commorari. (permission)

d. Concedimus ut quodlibet eiusmodi hospitium cum oppidulo compares. (permission)

e. Diligentes hospitiorum procuratores sunt necessario benevoli. (necessity)

f. Aegroti erunt vobis separatim collocandi. (obligation and duty)

g. Ne contagio quodam morbos novos ab aliis accipiant, hi aegroti sunt tibi semovendi. (necessity)

h. Concedimus magistratibus ut hospitia omnibus rebus instruant quae ad salutem conferant. (permission)

i. Nemo aegrotus in hospitiis manere cogebatur. (necessity)

j. Sedula cura medicis adhibenda erat. (obligation and duty)

10.3 Carefully read the following text, also from 'Utopia'.

T. Mori Utopiae Lib. II, De peregrinatione Utopiensium

..... Toto itinere cum nihil secum efferant peregrinantes, nihil deficit tamen: ubique enim domi sunt. Si quo in loco diutius uno die commorentur, suam ibi quisque artem exercet atque ab artis eiusdem opificibus humanissime tractantur. Si semet auctore quisquam extra suos fines vagetur, deprehensus sine principis diplomate contumeliose habitus pro fugitivo reducitur... idem ausus denuo servitute plectitur. Quod si quem libido incessat per suae civitatis agros palandi, venia patris et consentiente coniuge non prohibetur. Sed in quodcumque rus pervenerit, nullus ante cibus datur quam antemeridianum operis pensum (aut quantum ante cenam ibi laborari solet) absolverit.... Iam videtis quam nulla sit usquam otiandi licentia, nullus inertiae praetextus, nulla taberna vinaria, nulla cervisiaria[3], nusquam lupanar, nulla corruptelae occasio, nullae latebrae, conciliabulum nullum, sed omnium praesentes oculi necessitatem aut consueti laboris aut otii non inhonesti faciunt...

10.4 **Complete the blanks using impersonal verbs that would convey the sense indicated in parentheses. Words indicating the person(s) affected must sometimes be added. You can choose from the following list. Endings of the verbs may be changed to suit the tense and mood appropriate for the context.**

interest	refert	paenitet
pudet	taedet	piget
miseret		

a. Nihil _____ quot sarcinas secum afferant. (importance and concern)

b. Si quo in loco diutius uno die manent, _____ artem ibi suam exercere. (importance and concern)

c. Opifices putant _____ socios peregrinos humanissime tractare. (importance and concern)

d. "Si extra fines nostros itinerari destinaverimus," inquiunt, "principis diploma habere _____"(importance and concern)

e. "Tale iter si suscipere volueritis," inquiunt," _____ ut patrem et coniugem consulatis." (importance and concern)

f. Nisi antemeridianum operis pensum absolverint, cibos accipere_____ (emotion and feeling)

g. Si peregrinus sine principis diplomate deprehensus erit, huius rei_____ (emotion and feeling)

h. Fieri non potest inter Utopienses, ut corruptelarum_____(emotion and feeling)

i. Ad corruptelas arcendas magni _____ unum quemque Utopiensem scire se ab aliis spectari. (importance)

10.5 **Rewrite the following text, using, where possible, impersonal verbs about weather. Make only those changes necessary to accomodate the impersonal constructions. You can choose from the following list. Endings of the verbs may be changed to suit the tense and mood appropriate for the context.**

disserenat	fulget	grandinat
lucescit	lucet	ningit
tonat	pluit	vesperascit

---

3 Cervisiaria, ae f. — Either a brewery or a beer-hall.

Caelum in regionibus maritimis est saepenumero varium et mutabile. Cum sol paulatim apparet, umor e mari calefacto in aerem nonnumquam ascendit. Caelum igitur fit nubilum, et antequam advenit tempus vespertinum, fiunt pluviae. Nubes tumidae si ventis a mari ad terram sole calefactam feruntur, fieri potest ut tonitrua audiantur et fulgura conspiciantur. Tempestas si erit coorta vehementior, non solum imbres sed etiam grandines cadent. Eiusmodi tempestates plerumque sunt breves, et postquam pluviae cadunt vehementes, caelum paulatim fit serenum. Regiones autem maritimae plerumque sunt satis temperatae. Quibus in regionibus quamvis solis lux per spatia temporis breviora hieme quam aestate conspiciatur, nives fiunt rariores quam in plagis mediterraneis.

Latin expressions for "more than expected", "more than considered", "more than to be believed"

Maiora fide.

Maiora quam ut vera credi queant.

Minor opinione doctrina.

Citius spe aderat.

Celerius exspectatione redibat.

Citius ac sperabatur, ante exspectatum redibat.

Maiora veris renuntiabant.

Virtus tua maior est omni praeconio.

Vincit omnem laudem tua virtus.

Free composition

Write a brief paragraph in which at least two of the above expressions are employed. This should be the beginning of the paragraph:

In spem maximam adducuntur iuvenes se omnia adipisci posse. Iuvenes enim viribus suis fidunt…

Latin proverbs

Propria vineta caedere (Horace, *Epistulae*, 2, 1, 220)

Literally, 'to cut down one's own vineyards'. The proverb is used for people who treat themselves too severely.

Free composition

Write a short composition exemplifying the use of this proverb. This should be the beginning of the paragraph:

Dicunt propinqui mei me ad scribendum et ad fabellas componendas esse proclivem, propterea quod annos sedecim natus/a scribendi praemium in lyceo sum meritus/a. In hoc certamen descendere cupientibus necesse erat fabellam brevem de quolibet argumento componere...

11

Substantival infinitive. Gerund. Gerundive.

Readings: Elred, De amicitia, 1; Einhard, Vita Caroli Magni, 22; 23; 24.

(Allen and Greenough, 277-281, 305-310; Bradley's Arnold, 70-72, 214-221)

11.1   Carefully read the text below.

Elred (Ailred, Ailredus, Aelredus) de Rievaulx (Yorkshire) lived about 1110-1167. He advanced himself in the Scottish court, and later became an abbot of the Cistercian monastery of Rievaulx. Elred was an author of theological and mystical works. His treatise on friendship, excerpts of which follow below, is based on the homonymous treatise by Cicero. Elred's interpretation of friendship, however, is strictly spiritual.

Aelredi Rievallensis De amicitia cap. I

Cum adhuc puer essem in scholis, et sociorum meorum me gratia plurimum delectaret, et inter mores et vitia quibus aetas illa periclitari solet, totam se mea mens dedit affectui, et devovit amori; ita ut nihil mihi dulcius, nihil iucundius, nihil utilius quam amari et amare videretur. Itaque inter diversos amores et amicitias fluctuans, rapiebatur animus huc atque illuc: et verae amicitiae legem ignorans, eius saepe similitudine fallebatur. Tandem aliquando mihi venit in manus liber ille quem De amicitia Tullius scripsit; qui statim mihi et sententiarum gravitate utilis, et eloquentiae suavitate dulcis apparebat. Et licet nec ad illud amicitiae genus me viderem idoneum, gratulabar tamen quamdam me amicitiae formulam reperisse, ad quam amorum meorum et affectionum valerem revocare discursus. Cum vero placuit bono Domino meo corrigere devium, elisum erigere, salubri contactu mundare leprosum, relicta spe saeculi, ingressus sum monasterium. Et statim legendis sacris litteris operam dedi; cum prius nec ad ipsam earum superficiem oculus lippiens, et carnalibus tenebris assuetus sufficeret. Igitur cum sacra Scriptura dulcesceret, et parum illud scientiae quod mihi mundus tradiderat, earum comparatione vilesceret, occurrebant animo quae de amicitia in praefato libello legeram, et iam mirabar quod non mihi more solito sapiebant. Iam tunc enim nihil quod non dulcissimi nominis Iesu fuisset melle mellitum, nihil quod non sacrarum Scripturarum fuisset sale conditum, meum sibi ex toto rapiebat affectum. Et iterum atque iterum ea ipsa revolvens, quaerebam si forte possent Scripturarum auctoritate fulciri.

Cum autem in sanctorum patrum litteris de amicitia plura legissem, volens spiritaliter amare nec valens, institui de spiritali amicitia scribere, et regulas mihi castae sanctaeque dilectionis praescribere. Opusculum igitur istud in tribus distinximus libellis. In primo quid sit amicitia, et quis eius fuerit ortus vel causa commendantes. In secundo eius fructum excellentiamque proponentes. In tertio quomodo et inter quos possit usque in finem indirupta servari, prout potuimus enodantes. In huius igitur lectione si quis profecerit Deo gratias agat, et pro peccatis meis apud Christi misericordiam intercedat.

11.2 Compose eight sentences, using the elements provided below. The words in italics should remain in the form and order that they have now. All other words will in some way need change. In some cases a change in word-order will suffice. Change will be necessary in the endings of nouns, adjectives, pronouns, verbs. Remember, even in the parts written in non-italic letters no words should be added or removed.

a. *Cum Aelredus in scholis puer esset,* amare studiosissimo esse.

b. Delecto *sociorum consuetudine maioris* sum *momenti ei* videri *quam alia studia.*

c. Colloquor amicus cum, *amores* novi peti, cogito amor de, *haec omnia inter summa gaudia numerabat.*

d. Vera amicitia *legem* ignoravi, *verae amicitiae similitudine* fallor *pergratum ei* esse.

e. *Libellum* legam, *quem De amicitia scripserat Cicero*, perutilis fuisse Aelredus.

f. *De Ciceronis dictis* cogitari Aelredo *aliter de amicitia sentire* esse *coactus*.

g. Ingredior *monasterium* Aelredus *magnopere* profuisse, *ubi facultas ei de amicitia Christiana* discere *suppeditabatur*.

h. *Bene* amo *idem Aelredo videbatur quod* Deus amo.

11.3   Carefully read the text below.

Einhard (Eginhard, Eginard) lived about 770-840, and was a member of the court of Charlemagne. Toward the end of his life he retreated to a monastery, where he wrote his most important work, *Vita Caroli Magni*. Suetonius's influence on this biography is quite noticeable.

Einhardi vita Caroli Magni

22. Corpore fuit amplo atque robusto, statura eminenti, quae tamen iustam non excederet - nam septem suorum pedum proceritatem eius constat habuisse mensuram -, apice capitis rotundo, oculis praegrandibus ac vegetis, naso paululum mediocritatem excedenti, canitie pulchra, facie laeta et hilari. Unde formae auctoritas ac dignitas tam stanti quam sedenti plurima adquirebatur; quamquam cervix obesa et brevior venterque proiectior videretur, tamen haec ceterorum membrorum celabat aequalitas. Incessu firmo totaque corporis habitudine virili; voce clara quidem, sed quae minus corporis formae conveniret.

Valitudine prospera, praeter quod, antequam decederet, per quatuor annos crebro febribus corripiebatur, ad extremum etiam uno pede claudicaret. Et tunc quidem plura suo arbitratu quam medicorum consilio faciebat, quos poene exosos habebat, quod ei in cibis assa, quibus assuetus erat, dimittere et elixis adsuescere suadebant.

Exercebatur assidue equitando ac venando; quod illi gentilicium erat, quia vix ulla in terris natio invenitur, quae in hac arte Francis possit aequari.

Delectabatur etiam vaporibus aquarum naturaliter calentium, frequenti natatu corpus exercens; cuius adeo peritus fuit, ut nullus ei iuste valeat anteferri. Ob hoc etiam Aquisgrani regiam exstruxit ibique extremis vitae annis usque ad obitum perpetim habitavit. Et non solum filios ad balneum, verum optimates et amicos, aliquando etiam satellitum et custodum corporis turbam invitavit, ita ut nonnumquam centum vel eo amplius homines una lavarentur.

11.4 Answer the following questions in full sentences, and use gerund or gerundive in every answer. The material for each answer is supplied in parentheses.

Example:

Qua de causa Carolus Magnus assidue corpus exercebat? (voluit valetudinem firmare)

(answer) *Carolus Magnus ad valetudinem firmandam* (vel 'valetudinis firmandae causa') *corpus suum assidue exercebat.*

a. Quo modo scimus qualis Caroli Magni fuerit species et forma? (legimus verba Einhardi, quibus Caroli forma et habitus describuntur)

b. Quo studio incitatus sua et propria remedia parabat Carolus? (Carolus voluit medicos evitare)

c. Qua in re consuetudinem pristinam pertinaciter servabat Carolus? (agitur de carnibus assis, quas semper comedere malebat)

d. Quomodo in aquis calidis corpus exercebat Carolus? (agitur de exercitio cuius Carolus erat peritus)

e. Cuius rei gratia tot homines una cum Carolo balneum frequentabant? (haud de corporis exercitatione, sed de munditie agitur)

11.5 Carefully read the text below from the same biography of Charlemagne.

Einhardi vita Caroli Magni

23. Vestitu patrio, id est Francico, utebatur. Ad corpus camisia linea, et feminalibus lineis induebatur, deinde tunica, quae limbo serico ambiebatur, et tibialibus; tum fasciolis crura et pedes calciamentis constringebat et ex pellibus lutrinis[4] vel murinis thorace confecto umeros ac pectus hieme muniebat, sago veneto amictus et gladio semper accinctus, cuius capulus ac balteus aut aureus aut argenteus erat. Aliquoties et gemmato ense utebatur, quod tamen nonnisi in praecipuis festivitatibus vel si quando exterarum gentium legati venissent. Peregrina vero indumenta, quamvis pulcherrima, respuebat nec umquam eis indui patiebatur, excepto quod Romae semel Hadriano pontifice

---

4   Pelles lutrinae — otter skins

petente et iterum Leone successore eius supplicante longa tunica et clamide amictus, calceis quoque Romano more formatis induebatur. In festivitatibus veste auro texta et calceamentis gemmatis et fibula aurea sagum adstringente, diademate quoque ex auro et gemmis ornatus incedebat. Aliis autem diebus habitus eius parum a communi ac plebeio abhorrebat.

11.6 **Complete the following text using the material supplied in parentheses. It will be necessary to change some endings or word-order according to the sense of the sentence.**

Carolus (frigoris arcendo ad) pellibus (sui) hieme (vestiendorum) esse putabat: at (gemmatus gladius se utendo) numquam nisi in praecipuis festivitatibus. Semel tantum vestimenta (peregrinorum sui induendorum) censuit. Tunc enim (causa sollemnium perficiendo) longa tunica et calceamenta Romana (pontifices esse Carolus accipiendorum rogatu).

11.7 **Carefully read the text below, again from the 'Life of Charlemagne'.**

Einhardi vita Caroli Magni

24. In cibo et potu temperans, sed in potu temperantior, quippe qui ebrietatem in qualicumque homine, nedum in se ac suis, plurimum abhominabatur. Cibo enim non adeo abstinere poterat, ut saepe quereretur noxia corpori suo esse ieiunia. Convivabatur rarissime, et hoc praecipuis tantum festivitatibus, tunc tamen cum magno hominum numero. Cena cotidiana quaternis tantum ferculis praebebatur, praeter assam, quam venatores veribus inferre solebant, qua ille libentius quam ullo alio cibo vescebatur. Inter cenandum aut aliquod acroama aut lectorem audiebat. Legebantur ei historiae et antiquorum res gestae. Delectabatur et libris sancti Augustini, praecipueque his qui de civitate Dei praetitulati sunt. Vini et omnis potus adeo parcus in bibendo erat, ut super cenam raro plus quam ter biberet. Aestate post cibum meridianum pomorum aliquid sumens ac semel bibens, depositis vestibus et calceamentis, velut noctu solitus erat, duabus aut tribus horis quiescebat.

Noctibus sic dormiebat, ut somnum quater aut quinquies non solum expergescendo, sed etiam desurgendo interrumperet. Cum calcearetur et amiciretur, non tantum amicos admittebat, verum etiam, si comes palatii litem aliquam esse diceret, quae sine eius iussu definiri non posset, statim litigantes introducere iussit et, velut pro tribunali sederet, lite cognita sententiam dixit; nec hoc tantum eo tempore, sed etiam quicquid ea die cuiuslibet officii agendum aut cuiquam ministrorum iniungendum erat expediebat.

11.8 **Answer the following questions, and use gerundives in the answers. The gerundives should be used as indicated in parentheses.**

Note: two special uses of the gerundive are here exemplified.

- **predicative gerundive:**
  Pompeium mortuum propinquis eius sepeliendum tradidit.
  Caesar pontem exstruendum curavit.
  Catilina senatorem pecunia corrumpendum suscepit.
  Bona proscriptorum diripienda militibus concessit.

- **attributive gerundive** (used with just a few verbs relating to emotion and disposition):
  Res admiranda.
  Homo haud spernendus nos hodie alloquetur.
  Hostis metuendus appropinquat.

a. Quid de ebrietate sentiebat Carolus Magnus? (attributive gerundive)

b. Quid de ieiuniis sentiebat Carolus? (attributive gerundive from the verb 'tolerare', with a negative sense).

c. Quales libri iussu Caroli inter cenam legebantur? ('Carolus curabat' + predicative gerundive).

d. Cuius auctoris libros servis tradebat Carolus ut legerentur? ('Carolus tradebat' + predicative gerundive).

e. Cum amiciretur Carolus, quales homines praeter amicos audiebat? ('Carolus suscipiebat' + predicative gerundive).

Latin expressions for friendship

Utor patre familiariter.

Est mihi cum illo artissima necessitudo.

Sum illi summa familiaritate coniunctus.

Sum illi amicus.

Summa mihi cum illo familiaritas intercedit.

Multus mihi cum homine quondam usus fuit.

Mutua quaedam benevolentia iam pridem inter nos est.

Free composition

Write a brief paragraph in which at least two of the above expressions are employed. This should be the beginning of the paragraph:

Cum ad illam academiam advenissem discipulus/a novus/a, me prorsus solum/am esse sentiebam. Omnia tam nova, tam inusitata esse videbantur...

Latin proverb

Invulnerabilis ut Caeneus (Cf. Ovid, *Metamorphoses*, 12, 206 f.)

Literally, 'invulnerable like Caeneus'. Caeneus was a girl, subsequently changed into a boy, who could not be wounded. Consequently, his enemy buried him alive. The proverb is used for people who seem to be able to avoid any harm.

Free composition

Write a short composition exemplifying the use of this proverb. This should be the beginning of the paragraph:

Avus meus est ante bellum alterum universale in exercitum conscriptus. Quoniam initio iniunctum ei erat ut apud imperatorem ab epistulis esset, nunquam se proeliaturum paene pro certo habebat...

12

Coordination in clauses and sentences: copulative, disjunctive, adversative, causal, consecutive connections

Readings: Petronius, Satiricon, 111-112; Passio Sanctarum Perpetuae et Felicitatis, 18-21.

(Allen and Greenough, 131-132; Bradley's Arnold, 14; Minkova, 23-32)

12.1 **Carefully read the following text by Petronius.**

Petronius (first century A. D.) is usually identified with a courtier of the emperor Nero, whom Tacitus described as the 'arbiter elegantiae'. His *Satiricon*, a colorful and humorous novel, survives in a fragmentary form. The following excerpt is told by Eumolpus, one of the main characters, and is a famous example of a Milesian tale.

Petronius, Satiricon, 111-112

111. Matrona quaedam Ephesi tam notae erat pudicitiae, ut vicinarum quoque gentium feminas ad spectaculum sui evocaret. Haec ergo cum virum extulisset, non contenta vulgari more funus passis prosequi crinibus aut nudatum pectus in conspectu frequentiae plangere, in conditorium etiam prosecuta est defunctum, positumque in hypogaeo Graeco more corpus custodire ac flere totis noctibus diebusque coepit. Sic adflictantem se ac mortem inedia persequentem non parentes potuerunt abducere, non propinqui; magistratus ultimo repulsi abierunt, complorataque singularis exempli femina ab omnibus

quintum iam diem sine alimento trahebat. Adsidebat aegrae fidissima ancilla, simulque et lacrimas commodabat lugenti, et quotienscumque defecerat positum in monumento lumen renovabat. Una igitur in tota civitate fabula erat: solum illud adfulsisse verum pudicitiae amorisque exemplum omnis ordinis homines confitebantur, cum interim imperator provinciae latrones iussit crucibus affigi secundum illam casulam, in qua recens cadaver matrona deflebat. Proxima ergo nocte, cum miles, qui cruces asservabat, ne quis ad sepulturam corpus detraheret, notasset sibi lumen inter monumenta clarius fulgens et gemitum lugentis audisset, vitio gentis humanae concupiit scire quis aut quid faceret. Descendit igitur in conditorium, visaque pulcherrima muliere, primo quasi quodam monstro infernisque imaginibus turbatus substitit; deinde ut et corpus iacentis conspexit et lacrimas consideravit faciemque unguibus sectam, ratus (scilicet id quod erat) desiderium extincti non posse feminam pati, attulit in monumentum cenulam suam, coepitque hortari lugentem ne perseveraret in dolore supervacuo, ac nihil profuturo gemitu pectus diduceret: 'omnium eumdem esse exitum et idem domicilium' et cetera quibus exulceratae mentes ad sanitatem revocantur. At illa ignota consolatione percussa laceravit vehementius pectus, ruptosque crines super corpus iacentis imposuit. Non recessit tamen miles, sed eadem exhortatione temptavit dare mulierculae cibum, donec ancilla, vini odore corrupta, primum ipsa porrexit ad humanitatem invitantis victam manum, deinde refecta potione et cibo expugnare dominae pertinaciam coepit et: 'Quid proderit, inquit, hoc tibi, si soluta inedia fueris, si te vivam sepelieris, si antequam fata poscant indemnatum spiritum effuderis? Id cinerem aut manes credis sentire sepultos? Vis tu reviviscere! Vis discusso muliebri errore, quam diu licuerit, lucis commodis frui! Ipsum te iacentis corpus admonere debet ut vivas.' Nemo invitus audit, cum cogitur aut cibum sumere aut vivere. Itaque mulier aliquot dierum abstinentia sicca passa est frangi pertinaciam suam, nec minus avide replevit se cibo quam ancilla, quae prior victa est.

112. Ceterum, scitis quid plerumque soleat temptare humanam satietatem. Quibus blanditiis impetraverat miles ut matrona vellet vivere, iisdem etiam pudicitiam eius aggressus est. Nec deformis aut infacundus iuvenis castae videbatur, conciliante gratiam ancilla ac subinde dicente: 'Placitone etiam pugnabis amori?' Quid diutius moror? Iacuerunt ergo una non tantum illa nocte, qua nuptias fecerunt, sed postero

etiam ac tertio die, praeclusis videlicet conditorii foribus, ut quisquis ex notis ignotisque ad monumentum venisset, putasset expirasse super corpus viri pudicissimam uxorem. Ceterum, delectatus miles et forma mulieris et secreto, quicquid boni per facultates poterat coemebat et, prima statim nocte, in monumentum ferebat. Itaque unius cruciarii parentes ut viderunt laxatam custodiam, detraxere nocte pendentem supremoque mandaverunt officio. At miles circumscriptus dum desidet, ut postero die vidit unam sine cadavere crucem, veritus supplicium, mulieri quid accidisset exponit: nec se expectaturum iudicis sententiam, sed gladio ius dicturum ignaviae suae. Commodaret ergo illa perituro locum, et fatale conditorium familiari ac viro faceret. Mulier non minus misericors quam pudica: 'Ne istud, inquit, dii sinant, ut eodem tempore duorum mihi carissimorum hominum duo funera spectem. Malo mortuum impendere quam vivum occidere.' Secundum hanc orationem iubet ex arca corpus mariti sui tolli atque illi, quae vacabat, cruci affigi. Usus est miles ingenio prudentissimae feminae, posteroque die populus miratus est qua ratione mortuus isset in crucem.

12.2 Use words from the following list to fill the gaps in the passage that follows (not all of the words in this list will need to be used):

ac	ergo	illuc
alioquin	et	immo
at	et... et...	inde
atque	etenim	itaque
aut	etiam	modo... modo...
aut... aut...	exinde	nam
autem	hic	namque
ceterum	hinc	ne... quidem
cum... tum...	huc	necnon
dein	ibi	nedum
deinceps	idcirco	nec
deinde	ideo	nec...nec...
denique	igitur	neque
enim	illic	neque...neque...
eo	illinc	non modo...verum etiam...
non solum... sed etiam....	qui, quae, quod	tum

porro	quoque	tum… tum…
post	sed	tunc
postea	seu	vel
postremo	sive	vel… vel…
proinde	subinde	vero
propterea	tamen	verum
-que	tandem	

Maritus cuiusdam matronae Ephesiae est mortuus _____ uxor valde
pia erat _____ umquam de marito mortuo lugere destitit.
_____ postquam defunctus in conditorium est allatus, mulier quoque
illuc se contulit _____ lacrimas noctu dieque effundere coepit.
_____ parentes, _____ propinqui eam a corpore
semovere potuerunt; _____ magistratus _____ ad
lugentem missi efficere valuerunt ut a mariti cadavere separaretur. Mulier iam
quintum diem in conditorio manebat una cum ancilla fidelissima quae iuxta
dominam suam quoque plorabat _____ lumen accendebat, si erat
exstinctum. _____ per totam civitatem fabula est vagata de eximia
pudicitia eximioque amore illius matronae. _____ casu quodam factum est ut prope casulam in qua cadaver deflebatur iussu imperatoris duo latrones
crucibus sint affixi. Proxima nocte miles qui cruces custodiebat ne quis corpora
ad sepulturam detraheret, lumen in casula vicina animadvertit et animo humano
visendi cupido descendit ut videret quid esset. Cum duas mulieres fame quasi
confectas vidisset, obstupefactus constitit. _____ pulchritudinem
viduae est admiratus, _____ propter crines ruptos, faciem unguibus
sectam, pectus percussum misericordia eum movit. _____ cenulam
suam mulieribus praebere voluit _____ hortatus est ut aliquid cibi
potionisque caperent. Vidua in dolore exulcerando perseverans talia firmiter
recusavit. Ancilla _____ odore vini allecta cenulam militis gustavit
_____ dominae suadere coepit ut quoque fami sitique satisfaceret.
_____ prorsus inutile esse asseverabat inedia confici atque vivam
sepeliri. Ipsum cadaver de vitae brevitate admonere dicebat. Quae verba dominae
famem sitimque iam per quinque dies passae non displicuerunt,
_____ aures mulserunt. _____ non minus avide quam
ancilla cibo vinoque se replevit. Humanam _____ satietatem alia
desideria sequuntur. _____ haud difficile militi fuit iisdem blanditiis
quibus matronae cibum praebuerat, pudicitiam eius superare. Iuvenis
_____ satis iucundus nec illepidus videbatur. _____ illa
nocte una iacuerunt _____ noctibus quae sunt secutae. Si quis ad
conditorium appropinquaverat, putabat piam uxorem super corpus defuncti iam
expirasse. _____ post aliquot dies consanguinei unius latronis, qui
custodiam laxatam viderant, cadaver ex cruce detraxerunt ut sepelirent. Cum hoc
cognovisset, miles poenam imperatoris extimuit atque de morte sibi consciscenda
cogitavit. Quod cum audisset, mulier omnia consideravit et putavit _____
duos viros eodem tempore sibi esse perdendos, _____ corpus mariti

in locum latronis substituendum. Maluit mortuum in locum ablati mittere quam vivum occidere _____ consilium militi placuit postridie _____ valde miratus est populus quo modo mortuus in crucem ascendisset.

12.3 **Carefully read the following text, an account of the martyrdom of two early Christians written perhaps in the second or third centuries A. D.**

Passio Sanctarum Perpetuae et Felicitatis, 18-21

18. Illuxit dies victoriae illorum, et processerunt de carcere in amphitheatrum quasi in caelum hilares, vultu decori, si forte gaudio paventes non timore. Sequebatur Perpetua lucido vultu et placido incessu ut matrona Christi, ut Dei delicata, vigore oculorum deiciens omnium conspectum. Item Felicitas, salvam se peperisse gaudens ut ad bestias pugnaret, a sanguine ad sanguinem, ab obstetrice ad retiarium, lotura post partum baptismo secundo. Et cum ducti essent in portam et cogerentur habitum induere, viri quidem sacerdotum Saturni, feminae vero sacratarum Cereri, generosa illa in finem usque constantia repugnavit. Dicebat enim: Ideo ad hoc sponte pervenimus ne libertas nostra obduceretur; ideo animam nostram addiximus, ne tale aliquid faceremus; hoc vobiscum pacti sumus. Agnovit iniustitia iustitiam: concessit tribunus. quomodo erant, simpliciter inducerentur. ...Revocatus et Saturninus et Saturus populo spectanti comminabantur. Dehinc ut sub conspectu Hilariani pervenerunt, gestu et nutu coeperunt Hilariano dicere: Tu nos, inquiunt, te autem Deus. Ad hoc populus exasperatus flagellis eos vexari per ordinem venatorum postulavit; et utique gratulati sunt quod aliquid et de dominicis passionibus essent consecuti.

19. Sed qui dixerat: Petite et accipietis, petentibus dederat eum exitum quem quis desideraverat. Nam, si quando inter se de martyrii sui voto sermocinabantur, Saturninus quidem omnibus bestiis velle se obici profitebatur, ut scilicet gloriosiorem gestaret coronam. Itaque in commissione spectaculi ipse et Revocatus leopardum experti etiam super pulpitum ab urso vexati sunt. Saturus autem nihil magis quam ursum abominabatur; sed uno morsu leopardi confici se iam praesumebat. Itaque cum apro subministraretur, venator potius qui illum apro subligaverat, subfossus ab eadem bestia post dies muneris obiit; Saturus solummodo tractus est. Et cum ad ursum substrictus esset in ponte, ursus de cavea prodire noluit. Itaque secundo Saturus inlaesus revocatur.

20. Puellis autem ferocissimam vaccam ideoque praeter consuetudinem conparatam diabolus praeparavit, sexui earum etiam de bestia aemulatus. Itaque dispoliatae et reticulis indutae producebantur. Horruit populus alteram respiciens puellam delicatam, alteram a partu recentem stillantibus mammis. Ita revocatae et discinctis indutae. Prior Perpetua iactata est et concidit in lumbos. Et ubi sedit, tunicam a latere discissam ad velamentum femoris reduxit pudoris potius memor quam doloris. Dehinc acu requisita et dispersos capillos infibulavit; non enim decebat martyram sparsis capillis pati, ne in sua gloria plangere videretur. Ita surrexit et elisam Felicitatem cum vidisset, accessit et manum ei tradidit et suscitavit illam. Et ambae pariter steterunt. Et populi duritia devicta, revocatae sunt in portam Sanavivariam. Illic Perpetua a quodam tunc catechumeno Rustico nomine qui ei adhaerebat, suscepta et quasi a somno expergita (adeo in spiritu et in extasi fuerat) circumspicere coepit et stupentibus omnibus ait: Quando, inquit, producimur ad vaccam illam nescioquam? Et cum audisset quod iam evenerat, non prius credidit nisi quasdam notas vexationis in corpore et habitu suo recognovisset. Exinde accersitum fratrem suum et illum catechumenum, adlocuta est dicens: In fide state et invicem omnes diligite, et passionibus nostris ne scandalizemini.

21. Item Saturus in alia porta Pudentem militem exhortabatur dicens: Ad summam, inquit, certe, sicut praesumpsi et praedixi, nullam usque adhuc bestiam sensi. Et nunc de toto corde credas: ecce prodeo illo, et ab uno morsu leopardi consummor. Et statim in fine spectaculi leopardo obiectus de uno morsu tanto perfusus est sanguine, ut populus revertenti illi secundi baptismatis testimonium reclamaverit: Salvum lotum! salvum lotum! Plane utique salvus erat qui hoc modo laverat. Tunc Pudenti militi, Vale, inquit, et memento fidei et mei; et haec te non conturbent, sed confirment. Simulque ansulam de digito eius petiit, et vulneri suo mersam reddidit ei hereditatem, pignus relinquens illi et memoriam sanguinis. Exinde iam exanimis prosternitur cum ceteris ad iugulationem solito loco. Et cum populus illos in medio postularet, ut gladio penetranti in eorum corpore oculos suos comites homicidii adiungerent, ultro surrexerunt et se quo volebat populus transtulerunt, ante iam osculati invicem, ut martyrium per sollemnia pacis consummarent. Ceteri quidem inmobiles et cum silentio ferrum receperunt: multo magis Saturus, qui et prior ascenderat, prior reddidit spiritum; nam et Perpetuam

sustinebat. Perpetua autem, ut aliquid doloris gustaret, inter ossa conpuncta exululavit, et errantem dexteram tirunculi gladiatoris ipsa in iugulum suum transtulit. Fortasse tanta femina aliter non potuisset occidi, quae ab inmundo spiritu timebatur, nisi ipsa voluisset.

12.4   **Read the following passage, in which coordinating conjunctions are incorrectly employed. Rewrite the passage, replacing the incorrect conjunctions with the appropriate coordinating cojunctions.**

Die martyrii vel potius victoriae martyrum Perpetua, Felicitas atque Saturus in amphitheatrum sunt educti. Omnes gaudebant quod testimonium fidei praebere liceret. Enim viri coacti sunt ut vestimenta sacerdotum Saturni induerent, mulieres sacratarum Cereri. Quod itaque Perpetua, Felicitas, Saturus recusaverunt dicentes se ob hanc prorsus causam ad martyrium pervenisse, quod nollent alios deos praeter Christum colere. Mirabiliter tribunus, quamquam iniustus, in hac re iusto modo egit iisque permisit ut simpliciter quomodo erant in harenam inducerentur. Populus vel qui in martyres irascebatur iussit eos flagellari. Post flagellationem educti sunt ad bestias. Saturus cupiebat uno morsu leopardi confici. Ille ideo bis bestiis iactatus est, ergo mortem non obivit. Porro aper ad quem imprimis erat eductus venatorem ipsum qui aprum eduxerat vulneravit, et ursus prope cuius caveam erat relictus a cavea exire noluit. Puellae namque despoliatae sunt et reticulis indutae ad vaccam ferocissimam iactatae. Populus perhorruit alteram aspiciens puellulam delicatam, alteram a partu recenti mammis stillantibus. Etiam vaccam illae non timuerunt. Inde cum Perpetua cecidisset, capillos concinnare est conata, ne videretur martyrium sine gaudio pati. Illuc puellae ad portam Sanavivariam sunt eductae nec meminerant se iam ad vaccam esse productas. Primum Saturus leopardo est iactus unoque leopardi morsu paene interfectus, etenim solito modo gladio iugulatus. Perpetua et Felicitas vel gladio sunt necatae, sed oportuit Perpetuam manum gladiatoris errantis regere quasi timentis tantam feminam occidere.

Latin expressions for 'happening', 'befalling', 'acquiring'

Hoccine tantum malum mihi derepente obiectum esse!

Ingens huic venit (sive obvenit) hereditas.

Obtigit uxor qualem volebam.

Non cuivis homini contingit adire Corinthum.

Nactus es uxorem te dignam.

Felicissimum ingenium sortitus es.

Latin expressions for 'aversion'

    Refugit consuetudinem feminarum.

    Alienus est a studiis.

    Abhorret a litteris.

    Horret mortem.

    Aversatur omnes.

    Deprecatur publica munia.

    Gravatur splendidos mensae apparatus.

Free composition

    Write two brief paragraphs in which at least two expressions from each category are employed. These should be the beginnings of the paragraphs:

    Omnes res in hac vita sint iam praedestinatae necne mihi est incertum...

    Vinum dicitur animum humanum sedare atque laetum reddere. Vidimus tamen potatores ad condicionem infimam adactos...

Latin proverb

    Stilum vertere (Horace, *Satires*, 1, 10, 72)

    Literally, 'to turn the pen'. The proverb refers to erasing (with the blunt part of the pen) what one has written and implies revision of what has been written.

Free composition

    Write a short paragraph exemplifying the use of this proverb. This should be the beginning of the paragraph:

    Catullus dicit se versiculos per iocos atque vinum componere. Dicit quoque se poema composuisse postquam semimortuus in lectulo sit versatus. Velim scire num haec sint vera...

13

The use of tenses, moods and pronouns in subordinate clauses

Readings: Cicero, De senectute, VII, 22-24; IX, 27-28; IX, 29; IX, 32.
(Allen and Greenough, 173-176, 292-299; Bradley's Arnold, 76-77, 80-81, 199-202; Minkova, 34-42)

13.1 **Carefully read the following passage by Cicero.**

De senectute, composed in about 44 B.C., near the end of Cicero's life, is one of his most widely read philosophical dialogues. The main speaker, Cato the Censor (who died in 149 B.C.), eloquently describes some of the benefits that come with old age.

Cic. De senectute, VII, 22-24

(Cato loquitur) 22. Quid iuris consulti, quid pontifices, quid augures, quid philosophi senes, quam multa meminerunt! Manent ingenia senibus, modo permaneat studium et industria, neque ea solum in claris et honoratis viris, sed in vita etiam privata et quieta. Sophocles ad summam senectutem tragoedias fecit; quod propter studium cum rem neglegere familiarem videretur, a filiis in iudicium vocatus est, ut, quem ad modum nostro more male rem gerentibus patribus bonis interdici solet, sic illum quasi desipientem a re familiari removerent iudices. Tum senex dicitur eam fabulam, quam in manibus habebat et proxime scripserat, Oedipum Coloneum, recitasse iudicibus quaesisseque, num illud carmen desipientis videretur. Quo recitato sententiis iudicum est liberatus.

23. Num igitur hunc, num Homerum, Hesiodum, Simonidem, Stesichorum, num, quos ante dixi, Isocraten, Gorgian, num philosophorum principes, Pythagoram, Democritum, num Platonem, num Xenocraten, num postea Zenonem, Cleanthem, aut eum, quem vos etiam vidistis Romae, Diogenem Stoicum, coegit in suis studiis obmutescere senectus? An in omnibus studiorum agitatio vitae aequalis fuit?

24. Age, ut ista divina studia omittamus, possum nominare ex agro Sabino rusticos Romanos, vicinos et familiares meos, quibus absentibus numquam fere ulla in agro maiora opera fiunt, non serendis, non percipiendis, non condendis fructibus. Quamquam in aliis minus hoc mirum est; nemo enim est tam senex qui se annum non putet posse vivere: sed idem in eis elaborant quae sciunt nihil ad se omnino pertinere.....

13.2 Rewrite the following paragraph so that infinitives in parentheses are changed into the correct finite form. The verbs, of course, should be changed so that their person, mood, and tense is appropriate to their role in the passage as a whole.

Cato auditores iuvenes rogavit quam multa philosophi senes (meminisse). Rogavit eos etiam num illi ipsi, cum (consenescere), litteras et philosophiam (colere). Nullum enim sibi dubium esse, quin ingenia senibus (manere), qui mentes studiose (exercere). "Scitisne," inquit, "quid (facere) Sophocles senex, cum ob rem familiarem neglectam in iudicium a filiis (vocari)? Quo apertius (ostendere) se non desipere, fabulam, quam nuper scripsit, coram iudicibus recitavit. Num ullum vobis est dubium quin vos ipsi senes, si ingenia vestra semper (alere), Sophoclem (imitari)?" Quae cum Cato (dicere), iuvenes eum hortati sunt ut plura de senibus (narrare), qui saeculis prioribus (vivere). Annuit petentibus Cato rogans senectusne Homerum, Hesiodum, Simonidem, Stesichorum obmutescere (cogere).

13.3 Carefully read the following passage, also from Cicero's *De senectute*.

Cic. De senectute, IX. 27-28

27. Ne nunc quidem vires desidero adulescentis (is enim erat locus alter de vitiis senectutis), non plus quam adulescens tauri aut elephanti desiderabam. Quod est, eo decet uti et, quicquid agas, agere pro viribus. Quae enim vox potest esse contemptior quam Milonis Crotoniatae? Qui, cum iam senex esset athletasque se exercentes in curriculo videret, aspexisse lacertos suos dicitur inlacrimansque dixisse: 'At

hi quidem mortui iam sunt.' Non vero tam isti quam tu ipse, nugator; neque enim ex te umquam es nobilitatus, sed ex lateribus et lacertis tuis. Nihil Sex. Aelius tale, nihil multis annis ante Ti. Coruncanius, nihil modo P. Crassus, a quibus iura civibus praescribebantur, quorum usque ad extremum spiritum est provecta prudentia.

28. Orator metuo ne languescat senectute; est enim munus eius non ingeni solum, sed laterum etiam et virium. Omnino canorum illud in voce splendescit etiam nescio quo pacto in senectute, quod equidem adhuc non amisi, et videtis annos. Sed tamen est decorus seni sermo quietus et remissus, facitque per se ipsa sibi audientiam diserti senis composita et mitis oratio. Quam si ipse exsequi nequeas, possis tamen Scipioni praecipere et Laelio. Quid enim est iucundius senectute stipata studiis iuventutis?

13.4   Below is a series of beginnings of sentences. After each is a separate statement that should be joined to the sentence-beginning as a subordinate clause depending upon it. To effect this, it will be necessary to change the tenses and moods of verbs. Sometimes, though not in every case, pronouns and the person of verbs will need to be changed.

Example:

(*separate statements*)   *Cato iuvenes rogavit.....*
                                 Viresne tauri aut elephanti desideratis?

(*statements joined*)   *Cato iuvenes rogavit viresne (or 'num vires') tauri*
                                 aut elephanti desiderarent.

a.   Hortatus est iuvenes ut....
      Praecepta mea audite.

b.   Aspiciens athletas se exercentes in curriculo exclamavit Milo......
      Lacerti mei iam sunt mortui. (use indirect speech and accusative and infinitive)

c.   Numquam dubitavit Cato quin....
      Sententia Milonis est respuenda.

d.   Ita vixit Sex. Aelius ut...
      Usque ad extremum spiritum est provecta eius prudentia.

e.   Orator ille metuebat ne....
      Vox eius sensim languescit.

f.   Cato iuvenes rogavit, ut....

Dicite mihi num vox amici vestri aetate provecti etiam nunc canora esse videatur.

g.   Senectus ipsa a nobis poscit ut....

Officium adulescentes docendi mihi concedite.

h.   Cato asseveravit....

Facit per se ipsa audientiam diserti senis composita et mitis oratio. (use indirect speech and accusative and infinitive)

13.5.   Carefully read the following passage, also from Cicero's *De senectute*.

Cic. De senectute, IX. 29

Anne illas quidem vires senectuti relinquemus, ut adulescentis doceat, instituat, ad omne offici munus instruat? Quo quidem opere quid potest esse praeclarius? Mihi vero et Cn. et P. Scipiones et avi tui duo, L. Aemilius et P. Africanus, comitatu nobilium iuvenum fortunati videbantur nec ulli bonarum artium magistri non beati putandi, quamvis consenuerint vires atque defecerint. Etsi ipsa ista defectio virium adulescentiae vitiis efficitur saepius quam senectutis; libidinosa enim et intemperans adulescentia effetum corpus tradit senectuti.....

IX. 32. Sed redeo ad me. Quartum ago annum et octogesimum; vellem equidem idem possem gloriari quod Cyrus, sed tamen hoc queo dicere, non me quidem eis esse viribus, quibus aut miles bello Punico aut quaestor eodem bello aut consul in Hispania fuerim aut quadriennio post, cum tribunus militaris depugnavi apud Thermopylas M'. Glabrione consule; sed tamen, ut vos videtis, non plane me enervavit, non adflixit senectus, non curia vires meas desiderat, non rostra, non amici, non clientes, non hospites. Nec enim umquam sum adsensus veteri illi laudatoque proverbio, quod monet 'mature fieri senem, si diu velis senex esse.' Ego vero me minus diu senem esse mallem quam esse senem, ante quam essem. Itaque nemo adhuc convenire me voluit, cui fuerim occupatus.

13.6   **Answer the following questions. The appropriate beginning of each response is indicated after each question in parentheses.**

Example:

*(question) Quod opus esse senectutis officium praeclarissimum censet Cato?
(Nullum Catoni est dubium quin…)*

(answer) Nullum Catoni est dubium quin opus adulescentes docendi, instituendi, instruendi sit senectutis officium praeclarissimum.

a.   Quid de duobus Scipionibus dixit Cato? (Cato dixit fortunatos….)

b.   Quantus est intemperantis adulescentiae effectus? (Tantus est intemperantis adulescentiae effectus ut corpus ab…..)

c.   Quantopere Catonem adflixit senectus? (Senectus non tantopere Catonem adflixit ut curia….)

d.   Quid putabat Cato de moribus senilibus mature accipiendis? (Cato optabat ut mores seniles sero a….)

e.   Quam libenter Cato advenas accipiebat? (Cato tam libenter advenas accipiebat ut nemini aditus ad….non….)

Latin expressions for 'contentment', 'satisfaction', 'fulfilling'

Non contentus victoria.

Non contentus vicisse.

Non sat habebat vicisse.

Non sat erat vicisse.

Parum erat vicisse, ni in victos etiam saeviret.

Non sufficiebat vicisse.

Interdum non satisfacit Ciceroni Demosthenes.

Non respondet optatis meis.

Tullius in Demosthene nonnumquam desiderat aliquid.

Non talis est qualem vellem.

Nonnihil in te requiro adhuc.

Free composition

Write one paragraph in which at least three of the expressions above are employed. This should be the beginning of the paragraph:

Iulius ille Caesar se honores, magistratus, imperia petivisse ut semet ipsum tueretur nonnumquam asseverabat. Adversarii autem eum regnum captare insimulabant…

Latin proverb

> Ciceris emptor (Horace, *Ars poetica*, 249)

Literally 'a buyer of a chick-pea'. The phrase is used by Horace to indicate a person of the lower classes.

Free composition

Write a short paragraph exemplifying the use of this proverb. This should be the beginning of the paragraph:

Quidam e regibus Romanis sunt a stirpe servili orti. Horatius poeta patre liberto est natus. Quis est qui neget hos homines fuisse summos?...

14

Substantival clauses: accusative and infinitive, indirect questions, objective *ut*-clauses

Readings: Cicero, De oratore, II, 1-5; Cicero, In Catilinam, I, 1.

(Allen and Greenough, 281, 352-355, 360-367; Bradley's Arnold, 39-44, 83-85, 107-113; Minkova, 38-42, 44)

14.1 Carefully reading the following passage from the works of Cicero.

Cicero's dialogue *De oratore*, written in 55 B. C., contains some of his most mature thoughts on the art of oratory.

Cicero, De oratore, II, 1-5

II. 1 Magna nobis pueris, Quinte frater, si memoria tenes, opinio fuit L. Crassum non plus attigisse doctrinae, quam quantum prima illa puerili institutione potuisset; M. autem Antonium omnino omnis eruditionis expertem atque ignarum fuisse; erantque multi qui, quamquam non ita se rem habere arbitrarentur, tamen, quo facilius nos incensos studio discendi a doctrina deterrerent, libenter id, quod dixi, de illis oratoribus praedicarent, ut, si homines non eruditi summam essent prudentiam atque incredibilem eloquentiam consecuti, inanis omnis noster esse labor et stultum in nobis erudiendis patris nostri, optimi ac prudentissimi viri, studium videretur. 2. Quos tum, ut pueri, refutare domesticis testibus patre et C. Aculeone propinquo nostro et L. Cicerone patruo solebamus, quod de Crasso pater et

Aculeo, quocum erat nostra matertera, quem Crassus dilexit ex omnibus plurimum, et patruus, qui cum Antonio in Ciliciam profectus una decesserat, multa nobis de eius studio et doctrina saepe narravit; cumque nos cum consobrinis nostris, Aculeonis filiis, et ea disceremus, quae Crasso placerent, et ab eis doctoribus, quibus ille uteretur, erudiremur, etiam illud saepe intelleximus, cum essemus eius domi, quod vel pueri sentire poteramus, illum et Graece sic loqui, nullam ut nosse aliam linguam videretur, et doctoribus nostris ea ponere in percontando eaque ipsum omni in sermone tractare, ut nihil esse ei novum, nihil inauditum videretur. 3. De Antonio vero, quamquam saepe ex humanissimo homine patruo nostro acceperamus, quem ad modum ille vel Athenis vel Rhodi se doctissimorum hominum sermonibus dedisset, tamen ipse adulescentulus, quantum illius ineuntis aetatis meae patiebatur pudor, multa ex eo saepe quaesivi. Non erit profecto tibi, quod scribo, hoc novum; nam iam tum ex me audiebas mihi illum ex multis variisque sermonibus nullius rei, quae quidem esset in eis artibus, de quibus aliquid existimare possem, rudem aut ignarum esse visum. 4. Sed fuit hoc in utroque eorum, ut Crassus non tam existimari vellet non didicisse, quam illa despicere et nostrorum hominum in omni genere prudentiam Graecis anteferre; Antonius autem probabiliorem hoc populo orationem fore censebat suam, si omnino didicisse numquam putaretur; atque ita se uterque graviorem fore, si alter contemnere, alter ne nosse quidem Graecos videretur. 5. Quorum consilium quale fuerit, nihil sane ad hoc tempus; illud autem est huius institutae scriptionis ac temporis, neminem eloquentia non modo sine dicendi doctrina, sed ne sine omni quidem sapientia florere umquam et praestare potuisse.

14.2 Answer the following questions employing the accusative and infinitive. The material for each answer is provided in parentheses after each question. Pay special attention to the tense of the infinitive.

a. Quid opinabantur Cicero eiusque frater de Luci Crassi doctrina?

(Lucius Crassus inde ab annis puerilibus iam in studia non incubuit, sed utcumque vir est magna prudentia atque eloquentia ornatus ideoque nobis erit exemplum imitandum.)

b. Quae est opinio Ciceronis eiusque fratris de Marco Antonio?

(Marcus Antonius semper exstitit expers omnis eruditionis atque ignarus.)

    c.   Quid Cicero a Gaio Aculeone propinquo suo audivit?

        (Lucius Crassus mirabiliter Graeca lingua loquitur.)

    d.   Quid Cicero a patruo de Marci Antonii vita cognovit?

        (Marcus Antonius Athenis et Rhodi studia diligentissime coluit.)

    e.   Quid Lucius Crassus de Latinis atque Graecis censebat?

        (Latini Graecis nulla ratione sunt postponendi.)

    f.   Quid de se Marcus Antonius perseveranter negat?

        (Antonius litterarum Graecarum peritiam possidet.)

    g.   Qualem nexum inter eloquentiam et doctrinam esse credit Cicero?

        (Vera eloquentia sine sapientia exstare non potest.)

    h.   Quid Cicero orator sperat?

        (Cicero dicendi doctrinam cum omni sapientia coniunget.)

    i.   Quid Cicero orator sibi pollicetur?

        (Cicero eloquentia semper florebit atque aliis plurimum praestabit.)

14.3   **In the following sentences, change the active voice to the passive so that ambiguity is removed.**

Example:

Puto Antonium ceteros oratores superare.

Puto ceteros oratores ab Antonio superari.

    a.   Cicero narrat nonnullos homines se a doctrina deterruisse.

    b.   Cicero narrat quosdam homines patrem studii cupidum sprevisse.

    c.   Cicero narrat pueros magnos oratores vehementer suspexisse.

14.4   **In the following sentences, change the active voice to passive. In these sentences the accusative and infinitive will become nominative and infinitive.**

    a.   Nos pueri videbamus multos homines doctrinam respuere eiusque momentum prorsus negare.

    b.   Dicebant inanem esse laborem nimiae doctrinae capiendae.

    c.   Tradebant oratores Romanos sine linguae Graecae notitia magnam eloquentiam esse adeptos.

14.5   Read the following excerpt from Cicero's first oration against Catiline. Cicero thought that his public exposure of the conspiracy of Catiline (63 B. C.) was one of the greatest services he had done for the Roman republic.

Cicero, In Catilinam, I, 1

1. Quo usque tandem abutere, Catilina, patientia nostra? Quam diu etiam furor iste tuus nos eludet? Quem ad finem sese effrenata iactabit audacia? Nihilne te nocturnum praesidium Palati, nihil urbis vigiliae, nihil timor populi, nihil concursus bonorum omnium, nihil hic munitissimus habendi senatus locus, nihil horum ora voltusque moverunt? Patere tua consilia non sentis, constrictam iam horum omnium scientia teneri coniurationem tuam non vides? Quid proxima, quid superiore nocte egeris, ubi fueris, quos convocaveris, quid consilii ceperis, quem nostrum ignorare arbitraris?.... 2. An vero vir amplissumus, P. Scipio, pontifex maximus, Ti. Gracchum mediocriter labefactantem statum rei publicae privatus interfecit; Catilinam orbem terrae caede atque incendiis vastare cupientem nos consules perferemus?... 7. Meministine me ante diem XII Kalendas Novembris dicere in senatu fore in armis certo die, qui dies futurus esset ante diem VI Kal. Novembris, C. Manlium, audaciae satellitem atque administrum tuae? Num me fefellit, Catilina, non modo res tanta, tam atrox tamque incredibilis, verum, id quod multo magis est admirandum, dies?

14.6   Rewrite the above passage from the first oration against Catiline so that all direct questions become indirect depending on the following words: "In prima contra Catilinam oratione rogatur....."

14.7   Rewrite the above passage from the first oration against Catiline so that all direct questions become indirect depending on the following words: "Cicero Catilinam rogavit..."

14.8   Carefully read the following imperative sentences taken from Cicero. Change these sentences into subordinate clauses. The main verbs from which the subordinate propositions should depend are supplied below each sentence.

Example:

Veni! Rogo...

Rogo te ut ad me venias.

a. Quae cum ita sint, Catilina, perge, quo coepisti, egredere aliquando ex urbe; ... proficiscere... Educ tecum etiam omnes tuos, si minus, quam plurimos; purga urbem.

Cicero Catilinae imperat ...

b. Egredere ex urbe, Catilina, libera rem publicam metu, in exilium, si hanc vocem exspectas, proficiscere.

Cicero Catilinam iubet...

c. Quare secedant inprobi, secernant se a bonis, unum in locum congregentur, muro denique, quod saepe iam dixi, secernantur a nobis; desinant insidiari domi suae consuli, circumstare tribunal praetoris urbani, obsidere cum gladiis curiam, malleolos et faces ad inflammandam urbem comparare; sit denique inscriptum in fronte unius cuiusque, quid de re publica sentiat.

Curandum erat...

d. Instruite nunc, Quirites, contra has tam praeclaras Catilinae copias vestra praesidia vestrosque exercitus. Et primum gladiatori illi confecto et saucio consules imperatoresque vestros opponite; deinde contra illam naufragorum eiectam ac debilitatam manum florem totius Italiae ac robur educite.

Cicero Quiritibus suasit...

e. Vos, Quirites, quoniam iam est nox, venerati Iovem illum, custodem huius urbis ac vestrum, in vestra tecta discedite et ea, quamquam iam est periculum depulsum, tamen aeque ac priore nocte custodiis vigiliisque defendite.

Cicero Quirites rogat...

f. Quare, patres conscripti, incumbite ad salutem rei publicae, circumspicite omnes procellas, quae inpendent, nisi providetis.

Cicero a patribus conscriptis impetrare conatur...

g. Quapropter de summa salute vestra populique Romani, de vestris coniugibus ac liberis, de aris ac focis, de fanis atque templis de totius urbis tectis ac sedibus, de imperio ac libertate, de salute Italiae, de universa re publica decernite diligenter, ut instituistis, ac fortiter.

Cicero concives oravit...

Latin expressions for congratulation and related ideas

Gaudeo te nobis optantibus incolumem esse redditum.

Gratulamur tibi victoriam.

Gratulamur de victoria.

Te nova prole auctum esse gaudeo.

Salvum te advenire volupe est.

Laetor tuo nomine, quod uxor feliciter peperit.

Quod gener tibi tantopere probatur, magnopere tua causa gaudebo.

Voluptati mihi est, quod tibi res ex sententia cesserit.

Tuam vicem laetor, qui prospere pugnaris.

Macte.

Latin expressions for gratitude and related ideas

Quod tam officiose me commendaris principi tuo, gratiam et habeo et habiturus sum immortalem.

Quod tanta fide mea negotia procuraris, pares gratias agere vix possum, referre nequaquam.

Quod meis commodis tantopere studes, et habetur a me gratia, et semper habebitur.

Quod argentum ad diem promissum reddidisti, amo te et habeo gratiam.

Factum bene quod epistulam obsignatam remiseris.

Quod nos pro tua virili parte tueris gratum est.

Obligatiorem me tibi fecisti, devinctiorem reddidisti.

Magis obnoxium effecisti quam ut vel verbis agere gratias possim.

Maior est nostra necessitudo quam ut vel tu vel ego tibi pro ullo officio debeam gratias agere.

Free composition

Write two brief paragraphs in which at least two expressions from each category are employed. These should be the beginnings of the paragraphs:

Familia mea nuper parvula infantula est aucta. Omnes valetudinarium petivimus ut flores matri adferremus...

Utra res magis animum delectat? Dona dare an dona accipere?...

Latin proverb

Ad amussim (Varro, *Res rusticae*, 2, 1, 26); **Ad unguem** (Horace, *Satires*, 1, 5, 32)

Literally, the first phrase means 'to a carpenter's rule' and the second means 'to a finger-nail'. Both proverbs refer to something done exactly, precisely, and with care.

Free composition

Write a short paragraph exemplifying the use of either phrase. This should be the beginning of the paragraph:

Multum de illarum aedium pulchritudine atque ornatu audiveram. Tandem eas invisere decrevi...

15

Substantival clauses: explicative *quod*, explicative *ut*, verbs of fearing, verbs of preventing and refusing, *non dubito quin*

Readings: St. Augustine, De civitate Dei, XXII, 8, 6; St. Ambrose, De excidio urbis Hierosolymitanae, V, 53; St. Augustine, Enarrationes in Psalmos, in psalmum XCV enarratio, 14; Lactantius, Divinae institutiones, III, 21; St. Jerome, Epistulae, XXI.

(Allen and Greenough, 349-351, 355, 359-360; Bradley's Arnold, 86, 89-92, 267; Minkova, 42-43, 45-46)

15.1   Carefully read the following passage from St. Augustine.

St. Augustine of Hippo (354 – 430 A. D.) is regarded one of the 'four doctors of the church'. His immense literary output includes fundamental contributions to the development of Christian thought. *De civitate Dei* is an interpretation of the Roman empire in the context of a Christian philosophy of history.

Augustinus, De civitate Dei, XXII, 8, 6

Vir tribunitius Hesperius apud nos est; habet in territorio Fussalensi fundum Zubedi appellatum: ubi cum afflictione animalium et servorum suorum domum suam spirituum malignorum vim noxiam perpeti comperisset, rogavit nostros, me absente, presbyteros, ut aliquis eorum illo pergeret, cuius orationibus cederent. Perrexit unus, obtulit ibi sacrificium corporis Christi, orans quantum potuit, ut cessaret illa vexatio: Deo protinus miserante cessavit. Acceperat autem ab amico suo terram sanctam de Ierosolymis allatam, ubi sepultus Christus die tertio resurrexit; eamque suspenderat in cubiculo suo, ne quid mali etiam ipse pateretur. At ubi domus eius (sc. Hesperii) ab illa infestatione purgata est, quid de illa terra fieret, cogitabat; quam diutius in cubiculo suo reverentiae causa habere nolebat. Forte accidit, ut ego et collega tunc meus episcopus Sinitensis ecclesiae Maximinus, in proximo essemus; ut veniremus rogavit, et venimus. Cumque nobis omnia retulisset, etiam hoc petivit, ut infoderetur alicubi, atque ibi orationum locus fieret, ubi etiam possent Christiani ad celebranda quae Dei sunt congregari. Non restitimus: factum est. Erat ibi iuvenis paralyticus rusticanus: hoc audito petivit a parentibus suis, ut illum ad eum locum sanctum non cunctanter afferrent. Quo cum fuisset allatus, oravit, atque inde continuo pedibus suis salvus abscessit.

15.2   From the context of the paragraph above explain 'quid contigerit', 'quid acciderit', 'quid evenerit', 'quid opportune sit factum'. The appropriate explanations should be chosen from the sentences which follow. Each reply should begin with one of the following expressions: *contigit ut, accidit ut, evenit ut, opportune factum est quod*. Remember the following guideline, which is generally true: 'Contingunt bona; accidunt mala; eveniunt utraque'.

a.   Spiritus maligni fundum Hesperii vexabant.

b.   Sacerdos quidam ex grege Augustini sacrificium Christi in fundo Hesperii celebravit.

c.   Terra sancta Hierosolymis allata spiritus malignos fugavit.

d.   Augustinus eiusque collega Maximinus haud longe a fundo versabantur.

e.   Hesperius terram sanctam diutius necessario in cubili suo tenere noluit.

f.   Hesperius voluit locum orationibus aptum condere.

g.   Parentes paralytici de loco sancto certiores sunt facti.

h.   Paralyticus locum sanctum adivit et est sanatus.

15.3   Carefully read the following passage from the works of St. Ambrose (ca. 339 – 397 A.D.). His writings include letters, hymns, theological treatises, sermons, and other philosophical and theological texts. Like St. Augustine, Ambrose is included among the four doctors of the Latin church.

Ambrosius Mediolanensis, De excidio urbis Hierosolymitanae, V, 53

.....Appropinquemus et confabulemur Deo, cognoscamus futura. Affectis requies, servis libertas sit. Quod igitur dormientes somniamus, hoc defuncti adipiscimur: et quod in somno imago, hoc in morte veritatis passio est, et libertatis gratia. Unde nonnullis gentibus mos est, ut ortus hominum fletibus, occasus gaudiis prosequantur: quod illos ad aerumnam generatos doleant, hos ad beatitudinem rediisse gratulentur: illorum animas ad servitutem venisse ingemiscant, istorum ad libertatem remissas gaudeant. Indorum quoque sapientes feruntur, cum moriendi affectum induerint, protestari quod discedere velint, neque ullum obstrepere. Deinde ubi apparatus mortis processit, insilire laetos ardentem pyram, et astantibus valedicere: dolere mulieres, quasi subsidio destitutas, vel liberos parvulos quod derelinquantur; benedicere alios, nec invidere, quod ad meliores habitatores, ad splendidiora loca purioraque festinent consortia. Quid igitur de vobis aliud possum, cum etiam barbaris gentibus libertatem sequendi mos sit?

15.4   **Complete the sentences below with appropriate phrases adapted from the passage of St. Ambrose above.**

a.   Sapientium Indorum mos erat, cum moriendi affectum induissent...

b.   Generatim et universe quod ad mortem pertinet, consuetudinis Indicae est ...

15.5   **Carefully read the following excerpt from a commentary by St. Augustine.**

Augustinus, Enarrationes in Psalmos, in psalmum XCV enarratio, 14

.....Quid ergo debet facere christianus? Uti mundo, non servire mundo. Quid est hoc? Habentes tanquam non habentes. Sic dicit, sic hortatur quos non vult inveniri a die illa tanquam praegnantes et mammantes, sic eos hortatur: « De caetero, fratres, tempus breve est: reliquum est ut et hi qui habent uxores, tanquam non habentes sint; et qui flent, tanquam non flentes; et qui gaudent, tanquam non gaudentes; et qui emunt, quasi non tenentes; et qui utuntur hoc mundo, tanquam non utentes: praeterit enim figura huius mundi. Volo vos sine sollicitudine esse » (I Cor.

VII, 29-32) . Qui sine sollicitudine est, securus exspectat quando veniat Dominus ipsius. Nam qualis amor est Christi, timere ne veniat? Fratres, non erubescimus? Amamus, et timemus ne veniat. Certe amamus? An peccata nostra plus amamus? Ergo ipsa oderimus peccata, et amemus eum qui venturus est ad punienda peccata. Veniet, velimus, nolimus: non enim quia modo non venit, ideo venturus non est. Veniet, et quando nescis; et si paratum te invenerit, nihil tibi obest quia nescis terram: exsultantes inveniet eos qui primo eius adventui crediderunt, quoniam venit.

15.6 Write appropriate answers to the following questions. The words which follow each question in parentheses represent a response in direct discourse, but should become subordinate clauses in your answers with necessary changes of mood and tense.

Example:

Quid timent homines boni? (Peccabunt)

Homines boni timent ne peccent.

a. Quid timent homines qui peccant? (Dominus adveniet)
b. Quid timent homines qui non peccant? (Dominus non adveniet)
c. Quid timebant peccatores? (Dominus nos puniet)
d. Quid timebant iusti? (iustitia Domini mox non fiet)
e. Quid metuunt omnes homines? (male viximus)
f. Quid verebantur illi homines? (spiritibus malignis cessimus)
g. Quid homines timent? (morientur)

15.7 Carefully read the following passage from the works of Lactantius.

Lactantius (ca. 240 – ca. 320 A. D.) was widely admired for his eloquence, and is sometimes called 'the Christian Cicero'. He wrote the *Divinae Institutiones* to commend the Christian approach to life.

Lactantius, Divinae institutiones, III, 21

Videamus tamen, quid illum Socrates docuerit, qui cum totam Physicam repudiasset, eo se contulit, ut de virtute atque officio quaereret. Itaque non dubito, quin auditores suos iustitiae praeceptis erudierit. Docente igitur Socrate, non fugit Platonem, iustitiae vim in aequitate consistere; siquidem omnes pari conditione nascuntur. Ergo nihil (inquit) privati ac proprii habeant: sed ut pares esse possint, quod iustitiae ratio desiderat, omnia in commune possideant. Ferri hoc potest, quamdiu de pecunia dici videtur. Quod ipsum quam impossibile sit, et quam iniustum, poteram multis rebus ostendere. Concedamus tamen, ut possit fieri. Omnes enim sapientes erunt, et pecuniam contemnent. Quo ergo illum communitas ista perduxit? Matrimonia quoque inquit, communia esse debebunt: scilicet ut ad eandem mulierem multi viri, tamquam canes confluant; et is utique obtineat, qui viribus vicerit: aut si patientes sunt, ut philosophi, expectent, ut vicibus, tamquam lupanar obeant. O miram Platonis aequitatem! Ubi est igitur virtus castitatis? Ubi fides coniugalis? Quae si tollas, omnis iustitia sublata est. At idem dixit, beatas civitates futuras fuisse, si aut philosophi regnarent, aut reges philosopharentur. Huic vero tam iusto, tam aequo viro regnum dares, qui aliis abstulisset sua, aliis condonasset aliena; prostituisset pudicitiam feminarum: quae nullus unquam non modo rex, sed ne tyrannus quidem fecit.

15.8 Complete the sentence-beginnings written below. The words which follow each sentence-beginning in parentheses provide the basis for completing the sentence, but should become subordinate clauses in your complete sentences with necessary changes of mood and tense.

   a.   Lactantius dubitat (Socrates recte omnia docuit)

   b.   Lactantius dubitat (accipit aequitatem a Socrate propositam)

   c.   Nullum dubium est (matrimonia communia non sunt bona)

   d.   Quis dubitat (perfecta iustitia exstare non potest)

15.9 Carefully read the following passage from a letter by St. Jerome.

Eusebius Hieronymus (ca. 342 – 420 A.D.), perhaps the most learned of the Latin Church fathers, not only distinguished himself in scholarship, especially with his translation of most of the Bible into Latin, but also wrote letters which reveal a great deal about his times.

Hieronymus Stridonensis, Epistulae, XXI

13. ...Huius sapientiae typus, et in Deuteronomio sub mulieris captivae figura describitur: de qua divina vox praecipit, ut si Israelites eam habere voluerit uxorem, calvitium ei faciat, ungues praesecet, et pilos auferat: et cum munda fuerit effecta, tunc transeat in victoris amplexus. Haec si

secundum litteram intelligimus, nonne ridicula sunt? Itaque et nos facere solemus, quando Philosophos legimus, quando in manus nostras libri veniunt sapientiae saecularis, si quid in eis utile reperimus, ad nostrum dogma convertimus: si quid vero superfluum, de idolis, de amore, de cura saecularium rerum, haec radimus, his calvitium inducimus, haec in unguium morem ferro acutissimo desecamus. Unde et Apostolus prohibet, ne in idolio quis recumbat, dicens: 'Videte autem, ne haec licentia vestra offendiculum fiat infirmis. Si enim quis viderit eum, qui habet scientiam, in idolio recumbentem, nonne conscientia eius cum sit infirma, aedificabitur ad manducandum idolothyta, et peribit qui infirmus est in tua scientia frater, propter quem Christus mortuus est' (I. Cor. 8. 9)? Nonne tibi videtur sub aliis verbis dicere, ne legas Philosophos, Oratores, Poetas; nec in eorum lectione requiescas? Nec nobis blandiamur, si in eis, quae sunt scripta, non credimus, cum aliorum conscientia vulneretur, et putemur probare, quae dum legimus, non reprobamus. Alioqui quale erit, ut existimemus Apostolum eius, qui vescebatur in idolio, conscientiam comprobasse, et eum dixisse perfectum, quem sciret de idolothytis manducare? Absit, ut de ore Christiano sonet, « Iupiter omnipotens; et me Hercule, et me Castor, » et caetera magis portenta, quam numina. At nunc etiam Sacerdotes Dei, omissis Evangeliis et Prophetis, videmus Comoedias legere, amatoria Bucolicorum versuum verba canere, tenere Virgilium: et id quod in pueris necessitatis est, crimen in se facere voluptatis. Cavendum igitur, si captivam velimus habere uxorem, ne in idolio recumbamus; aut si certe fuerimus eius amore decepti, mundemus eam, et omni sordium errore purgemus, ne scandalum patiatur frater, pro quo Christus mortuus est, cum in ore Christiani carmina in idolorum laudem composita audierit personare.

15.10 Complete the sentence-beginnings written below. The words which follow each sentence-beginning in parentheses provide the basis for completing the sentence, but should become subordinate clauses in your complete sentences with necessary changes of mood and tense.

a. Hieronymus vetat (Christiani incaute comoedias et carmina legunt)

b. Hieronymus prohibet (Christiani Virgilium nimis saepe tenent)

c. Christiani impediendi sunt (saepe dicunt mehercule et mecastor)

d. Nihil obstare debet (iuvenes omnes auctores diligenter libereque pervolvunt)

e. Quidam Christiani fanatici recusant (scripta antiquiora non mundata neque purgata legunt)

Latin expressions for obligation, necessity and related ideas

Exorandus est pater.

Vigilandum ei qui velit ditescere.

Vigilet oportet qui cupit ditescere.

Vigilet necesse est (vel, necessum est) qui velit dives evadere.

Ad haec traxit necessitas.

Huc fatis pertrahor.

Invitus dicam.

Coactus dicam.

Latin expressions for deciding and related ideas

Decretum est.

Deliberatum est.

Certum est.

Stat sententia.

Visum erat.

In animo habebam.

Erat in animo.

Est mihi in animo hoc vere navigare.

Non est animus.

Placebat.

Decrevit senatus.

Constitui hoc anno navigare.

Free composition

Write two brief paragraphs in which at least two expressions from each category are employed. These should be the beginnings of the paragraphs:

Iuvat matutino tempore diutius dormire nec ad negotia peragenda surgere...

Proximo anno studia mea apud studiorum universitatem ad finem adducam atque diplomate ornabor...

Latin proverb

> **Crassa Minerva** (Horace, *Satires*, 2, 2, 3); **Pingui Minerva** (Cicero, *De amicitia*, 19)

Literally, the phrases mean 'with a thick' or 'fat Minerva'. The phrases refer to something done without art or skill.

Free composition

Write a short paragraph exemplifying the use of either phrase. This should be the beginning of the paragraph:

In urbe quae haud longe ab oppido meo distat operum pictorum sculptorumque expositionem esse audivi. Itaque una cum amicis hoc spectaculum adire statuimus...

16

Adjectival clauses: relative clauses, attributive participle

Reading: Seneca, Epistulae, 56.
(Allen and Greenough, 161, 177-182, 301; Bradley's Arnold, 59-64, 224-228; Minkova, 46-48)

16.1   **Carefully read the following passage from one of Seneca's letters.**

L. Annaeus Seneca (ca. 4 B.C. – 65 A.D.) had a varied literary output, including philosophical treatises, tragedies, and philosophical letters. He was an important person in the imperial circles of his day, tutor to the boy Nero, and minister to Nero as Emperor. He fell from favor, however, and was forced to commit suicide.

Senecae, Epistulae, 56

1. Peream si est tam necessarium quam videtur silentium in studia seposito. Ecce undique me varius clamor circumsonat: supra ipsum balneum habito. Propone nunc tibi omnia genera vocum quae in odium possunt aures adducere: cum fortiores exercentur et manus plumbo graves iactant, cum aut laborant aut laborantem imitantur, gemitus audio, quotiens retentum spiritum remiserunt, sibilos et acerbissimas respirationes; cum in aliquem inertem et hac plebeia unctione contentum incidi, audio crepitum illisae manus umeris, quae prout plana pervenit aut concava, ita sonum mutat. Si vero pilicrepus supervenit et numerare coepit pilas, actum est. 2. Adice nunc scordalum et furem deprensum et illum cui vox sua in balineo placet, adice nunc eos qui in piscinam cum ingenti

107

impulsae aquae sono saliunt. Praeter istos quorum, si nihil aliud, rectae voces sunt, alipilum cogita tenuem et stridulam vocem quo sit notabilior subinde exprimentem nec umquam tacentem nisi dum vellit alas et alium pro se clamare cogit; iam biberari varias exclamationes et botularium et crustularium et omnes popinarum institores mercem sua quadam et insignita modulatione vendentis.

3. 'O te' inquis 'ferreum aut surdum, cui mens inter tot clamores tam varios, tam dissonos constat, cum Chrysippum nostrum assidua salutatio perducat ad mortem.' At mehercules ego istum fremitum non magis curo quam fluctum aut deiectum aquae, quamvis audiam cuidam genti hanc unam fuisse causam urbem suam transferendi, quod fragorem Nili cadentis ferre non potuit.

4. Magis mihi videtur vox avocare quam crepitus; illa enim animum adducit, hic tantum aures implet ac verberat. In his quae me sine avocatione circumstrepunt essedas transcurrentes pono et fabrum inquilinum et serrarium vicinum, aut hunc qui ad Metam Sudantem tubulas experitur et tibias, nec cantat sed exclamat:

5. etiam nunc molestior est mihi sonus qui intermittitur subinde quam qui continuatur. Sed iam me sic ad omnia ista duravi ut audire vel pausarium possim voce acerbissima remigibus modos dantem. Animum enim cogo sibi intentum esse nec avocari ad externa; omnia licet foris resonent, dum intus nihil tumultus sit, dum inter se non rixentur cupiditas et timor, dum avaritia luxuriaque non dissideant nec altera alteram vexet. Nam quid prodest totius regionis silentium, si affectus fremunt?

6. Omnia noctis erant placida composita quiete. Falsum est: nulla placida est quies nisi quam ratio composuit; nox exhibet molestiam, non tollit, et sollicitudines mutat. Nam dormientium quoque insomnia tam turbulenta sunt quam dies: illa tranquillitas vera est in quam bona mens explicatur.

7. Aspice illum cui somnus laxae domus silentio quaeritur, cuius aures ne quis agitet sonus, omnis servorum turba conticuit et suspensum accedentium propius vestigium ponitur: huc nempe versatur atque illuc, somnum inter aegritudines levem captans; quae non audit audisse se queritur.

8. Quid in causa putas esse? Animus illi obstrepit. Hic placandus est, huius compescenda seditio est, quem non est quod existimes placidum, si iacet corpus: interdum quies inquieta est; et ideo ad rerum actus excitandi ac tractatione bonarum artium occupandi sumus, quotiens nos male habet inertia sui impatiens.

9. Magni imperatores, cum male parere militem vident, aliquo labore compescunt et expeditionibus detinent: numquam vacat lascivire districtis, nihilque tam certum est quam otii vitia negotio discuti...

14. ....Tunc ergo te scito esse compositum cum ad te nullus clamor pertinebit, cum te nulla vox tibi excutiet, non si blandietur, non si minabitur, non si inani sono vana circumstrepet.

15. 'Quid ergo? non aliquando commodius est et carere convicio?' Fateor; itaque ego ex hoc loco migrabo. Experiri et exercere me volui: quid necesse est diutius torqueri, cum tam facile remedium Ulixes sociis etiam adversus Sirenas invenerit. Vale.

16.2 **In the following dialogue, change relative clauses to attributive participles.**

Example:

(relative) "Ego, qui te audio, audaciam tuam miror".

(attributive participle) "Ego te audiens audaciam tuam miror".

Lucilius: Conclavia, quae emisti, ubi sunt?
Seneca: Emi conclavia, quae sunt supra balneum collocata.
Lucilius: Tu, qui tali in loco habitabis, multa incommoda tolerare es paratus.
Seneca: Id quod antea putavi: at nunc, qui talia sim diutius perpessus, de emigrando cogito.
Lucilius: Hominum, qui corpora sua exercent, gemitibus procul dubio vexaris.
Seneca: Ita vero. Sed difficillime a me tolerantur vociferationes furum, qui a custodibus sunt capti.
Lucilius: Odio mihi in balneum intranti semper fuerunt illi, qui voce elata canunt, qui nil pulchrius sua voce esse credunt.
Seneca: Quid dicam de aliis, qui in piscinam magno strepitu saliunt? Quid dicam de alipilis, qui non solum vocem tenuem et stridulam edunt, sed alios etiam eiulare cogunt.
Lucilius: E conclavibus, quae tam diu occupasti, quam facile migrabis?
Seneca: Facillime domum novam emam, qui pecuniam abs te mutuabor.

16.3 Using the elements written below, compose five complete sentences. Endings of nouns, adjectives, verbs and pronouns may be changed to suit their role in the sentence. The position of words may be changed. No words, however, may be added or omitted. Words written in italics are not to be changed in any way, either in position or form.

a. Ratio quies esse quicumque *composita, haec reapse est placida et tranquilla.*

b. *Tranquillitas vera, de qua loquimur, in mente invenitur,* bonus cogitatio esse ubi.

c. *Quies autem inquieta est,* habere nobis quotiens male *inertia sui impatiens.*

d. *Magni igitur imperatores militem laboribus et expeditionibus detinent, ne desidia marcescat,* proficisci seditionis unde postea.

e. Laboris quantae magis *salubribus occupamur, tanto minor inertiae nocivae datur aditus.*

16.4 Choose the appropriate relative words from the list below to fill the gaps in the paragraph that follows.

quibus	quo
ubi	quamdiu
quanti	qui
cuius	unde

At mehercules ego istum fremitum non magis curo quam fluctum aut deiectum aquae,_____ strepitus continenter auditur. Alii aliter de his rebus sentiunt. Nam quaedam gens _____ fragorem Nili cadentis audiebat, tamdiu sedem suam aegre ferebat. Quamobrem solum vertere tandem constituerunt, locumque eligere _____ nihil audiretur nisi avium cantus dulcissimus. Magis mihi videtur vox, _____ elementa intellegimus, avocare quam crepitus, quippe _____ tantum aures impleat ac verberet. Molestiores sunt mihi soni _____ intermittuntur, utpote _____ assuefieri nequeamus, quam _____ continuantur. Animum enim cogo sibi intentum esse nec avocari ad externa: exstat enim intimo in animo locus secretus tranquillusque, _____ interdum mihi licet confugere. Quam quidem tranquillitatem internam tanti facio, _____ perfectam pacem externam.

Latin expressions for abundance and related ideas

Abundat opibus.

Exuberat, redundat, exundat, superfluit.

Est apud illos ingens aquarum et graminis copia.

Multum vini habeo.

Plurimum vini habeo.

Satis vini habeo.

Affatim vini habeo.

Nimium licentiae.

Latin expressions for prosperity and related ideas, or the contrary

Prospera valetudine.

Incolumi valetudine.

Incolumi fama.

Secundiore fama fuit.

Secundo vento.

Secundo aestu.

Secundo amne sive flumine.

Reflante fortuna nihil ages.

Rebus adversis.

Rebus afflictis.

Rebus tristibus erigendus est animus.

Cecidit belle; ita cecidit ut volebam.

Hoc cecidit opportune.

Hoc percommode cadit.

Male cecidit.

Non successit.

Res non prospere successerunt.

Free composition

Write two brief paragraphs in which at least two expressions from the first category and three expressions from the second are employed. These should be the beginnings of the paragraphs:

Quidam me plura effecturum otiosum quam negotiosum opinabantur...

Suadentibus amicis, praefecturam urbis ter frustra petivi...

Latin proverb

Ventis tradere (Horace, *Odes*, I, 26, 3)

Literally, 'to hand over to the winds'. The proverb may be used to express forgetfulness, futility of effort, or oblivion, especially of words.

Free composition

Write a short paragraph exemplifying the use of this phrase. This should be the beginning of the paragraph:

Multi me dehortari conabantur ne philosophiae tantam operam darem. Talibus e studiis me nihil lucri facturum dictitabant...

17

Adverbial clauses: temporal clauses

Reading: Tacitus, Annales, XV, 38-44.
(Allen and Greenough, 340-349; Bradley's Arnold, 233-236, 238-240; Minkova, 48-54)

17.1 **Carefully read the following excerpt from the *Annales* of Tacitus.**

Cornelius Tacitus (ca. 55 – ca. 120 A. D.) was a renowned orator and one of the most accomplished Roman historians. His works are a major source for the events of the first century A. D., and are noteworthy for their distinctively compressed and bold style.

Tacitus, Annales, XV, 38-44

38. Sequitur clades, forte an dolo principis incertum (nam utrumque auctores prodidere), sed omnibus, quae huic urbi per violentiam ignium acciderunt, gravior atque atrocior...

39. Eo in tempore Nero Anti agens non ante in urbem regressus est, quam domui eius, qua Palatium et Maecenatis hortos continuaverat, ignis propinquaret. Neque tamen sisti potuit, quin et Palatium et domus et cuncta circum haurirentur. Sed solacium populo exturbato ac profugo campum Martis ac monumenta Agrippae, hortos quin etiam suos patefecit et subitaria aedificia exstruxit, quae multitudinem inopem acciperent; subvectaque utensilia ab Ostia et propinquis municipiis, pretiumque frumenti minutum usque ad ternos nummos. Quae quamquam popularia in inritum cadebant, quia pervaserat rumor ipso tempore flagrantis urbis inisse eum domesticam scaenam et cecinisse Troianum excidium,

praesentia mala vetustis cladibus adsimulantem...

42. Ceterum Nero usus est patriae ruinis exstruxitque domum, in qua haud proinde gemmae et aurum miraculo essent, solita pridem et luxu vulgata, quam arva et stagna et in modum solitudinum hinc silvae, inde aperta spatia et prospectus, magistris et machinatoribus Severo et Celere, quibus ingenium et audacia erat etiam, quae natura denegavisset, per artem temptare et viribus principis inludere. Namque ab lacu Averno navigabilem fossam usque ad ostia Tiberina depressuros promiserant squalenti litore aut per montes adversos. Neque enim aliud umidum gignendis aquis occurrit quam Pomptinae paludes: cetera abrupta aut arentia, ac si perrumpi possent, intolerandus labor nec satis causae. Nero tamen, ut erat incredibilium cupitor, effodere proxima Averno iuga conisus est, manentque vestigia inritae spei.

43. Ceterum urbis quae domui supererant non, ut post Gallica incendia, nulla distinctione nec passim erecta, sed dimensis vicorum ordinibus et latis viarum spatiis cohibitaque aedificiorum altitudine ac patefactis areis additisque porticibus, quae frontem insularum protegerent. Eas protinus Nero sua pecunia exstructurum purgatasque areas dominis traditurum pollicitus est. Addidit praemia pro cuiusque ordine et rei familiaris copiis, finivitque tempus, intra quod effectis domibus aut insulis apiscerentur...

44. Et haec quidem humanis consiliis providebantur. Mox petita a dis piacula aditique Sibyllae libri, ex quibus supplicatum Volcano et Cereri Proserpinaeque, ac propitiata Iuno per matronas, primum in Capitolio, deinde apud proximum mare, unde hausta aqua templum et simulacrum deae perspersum est; et sellisternia ac pervigilia celebravere feminae, quibus mariti erant. Sed non ope humana, non largitionibus principis aut deum placamentis decedebat infamia, quin iussum incendium crederetur. Ergo abolendo rumori Nero subdidit reos et quaesitissimis poenis adfecit, quos per flagitia invisos vulgus Christianos appellabat. Auctor nominis eius Christus Tiberio imperitante per procuratorem Pontium Pilatum supplicio adfectus erat; repressaque in praesens exitiabilis superstitio rursum erumpebat, non modo per Iudaeam, originem eius mali, sed per urbem etiam, quo cuncta undique atrocia aut pudenda confluunt celebranturque. Igitur primum correpti qui fatebantur, deinde indicio eorum multitudo ingens

haud proinde in crimine incendii quam odio humani generis convicti sunt. Et pereuntibus addita ludibria, ut ferarum tergis contecti laniatu canum interirent aut crucibus adfixi aut flammandi atque, ubi defecisset dies, in usum nocturni luminis urerentur. Hortos suos ei spectaculo Nero obtulerat, et circense ludicrum edebat, habitu aurigae permixtus plebi vel curriculo insistens. Unde quamquam adversus sontes et novissima exempla meritos miseratio oriebatur, tamquam non utilitate publica, sed in saevitiam unius absumerentur.

17.2 **The following dialogue may be set in approximately the year 100 A. D. The speakers are father and son. The son questions the father about the great fire of Rome that took place in 64 A. D., at which time the father was a youth.**

Complete the incomplete sentences (the gaps are indicated by dots) with temporal clauses. The material for these subordinate clauses is indicated in parentheses. Appropriate conjunctions will have to be supplied (they are not in the parentheses): the tense and mood of the verbs in the parentheses may need to be changed.

Filius: Quando, mi pater, illud maximum incendium Romanum saeviit?
Pater: Incendium factum est .... (Nero regnabat).
Filius: Dicunt ipsius incendii initio Neronem Roma afuisse. Quando Nero Romam rediit?
Pater: Nero Romam rediit .... (iam ignis totam Urbem peragraverat et domui eius iam appropinquaverat). .... (Audiverat paulo antea de incendio), statim Urbem petivit.
Filius: Audivi tamen quosdam rumores, scilicet Neronem Troianum excidium cecinisse .... (eodem tempore Urbs flagrabat).
Pater: Hoc fortasse est verum. Nam Nero semper excitabatur, ... (unoquoque tempore quo aliquid insoliti seu aliquid vehementius acciderat).
Filius: Fama est quoque domum mirabilem quae a Nerone exstructa est non tantum gemmis auroque, sed etiam arvis, silvis, stagnis facticiis celeberrimam, ex ruinis huius incendii provenisse. Qui vero erant artifices huiusque rei machinatores?
Pater: Severus et Celer hoc inceptum peregerunt. Conabantur enim semper adipisci ea quae natura denegaverat. .... (postea domum una cum silvis et rusticitate facticia exstruxerunt), temptaverant fossam navigabilem e lacu Averno usque ad Ostia Tiberina per iuga montium effodere.
Filius: Nonne tamen Nero ipsam Urbem quoque reficiendam curavit?
Pater: .... (Urbs iam igne erat devorata), omnia quodam ordine adhibito iterum sunt aedificata. ....

(Gallica incendia Urbem deleverant), vici sine ordine sineque ulla ratione creverunt.

Filius: Quid aliud fecit Nero ut damna repararentur?

Pater: .... (molitus est omnia humanis consiliis), ad rem divinam se contulit. Nam piacula a deis petivit, eos propitiavit, sellisternia et pervigilia celebravit.

Filius: Velim tamen scire apud quem tandem huius incendii culpa fuerit.

Pater: Nero non quievit, ... (tandem culpam apud Christianos invenit).

Filius: Advenerantne iam Romam qui religionem Christianam profiterentur?

Pater: Talis semper fuit indoles huius Urbis ut, ... (unoquoque tempore quo alicubi malum est exortum), illuc id afflueret.

Filius: Qua poena Christianos multare Nero voluit?

Pater: Alii Christiani bestiis sunt proiecti, ... (antea pellibus ferarum erant tecti), alii crucifixi et inflammati ut lumen praeberent .... (unoquoque tempore quo luce opus erat). Crudelitates fuerunt immanes ipseque Nero talibus rebus valde delectabatur, ... (sedebat in circo vulgo permixtus). At ille iam credebat se piaculum invenisse spectaculisque ferocibus vulgus delectasse, ... (tum ex improviso quosdam homines miseruit Christianorum quippe qui non viderentur ad utilitatem communem sed ad saevitiam principis satisfaciendam occidi).

17.3 In the following text, ablative absolutes are employed incorrectly. Rewrite the text correcting these incorrect passages. The stories are taken from Tacitus and Suetonius (ca. 75–150), the biographer.

Caesare a piratis capto tali dignitate se gessit ut imperator, non captivus videretur. Nave ad portum perventa pecunia pro Caesare est soluta illeque liberatus. Ipsi autem piratae sunt comprehensi et ad Caesarem adducti. Tunc Caesar supplicibus non parsis eos ad mortem misit.

17.4 In the following passage correct, by using the participles of deponent verbs, the participles which are employed incorrectly. No present participles should be used.

Caesari praedictum erat Idus Martias magnam calamitatem sibi esse allaturas. Eo die ad curiam ambulatus sereno animo intravit dixitque iam Idus Martias advenisse. Quidam ei respondit eas advenisse, sed nondum abivisse. Postea filium inter sicarios suos visus Caesar exclamavit: "Et tu, Brute!" Ita dictus animam efflavit.

17.5 Rewrite the following passage using participles in place of temporal clauses.

Cum Caligula pecunia egeret, ad rapinas convertit animum vario et exquisitissimo calumniarum et auctionum et vectigalium genere. Multi homines cum saevitiam principis timerent eum heredem nuncupaverunt; quibus tamen, cum vivere pergebant, cuppedias, postquam eas venenaverat, mittebat. Putabat enim tales esse derisores. Interdum in auctione cum eam ipse proposuisset, homines res vilissimas pretio immenso emere coegit.

17.6 **Changes the verbs in parentheses in the passage below so that they have the correct tense and mood to suit their function in the clauses to which they belong.**

Iam cum Augustus _____ (regnare), Romae ruere in servitium consules, patres, eques. Cum Augustus _____ (mori), quanto quis illustrior, tanto magis falsi ac festinantes, vultuque composito, ne laeti excessu principis neu tristiores primordio, lacrimas gaudium, questus adulationem miscebant. Consules primi in verba Tiberii Caesaris iuravere, mox senatus, miles et populus. Cum ius iurandum _____ (exigere), promittebant principi obtemperaturos experiendo libertatem quam ipse dedisset.

17.7 **Changes the verbs in parentheses in the passage below so that they have the correct tense and mood to suit their function in the clauses to which they belong.**

Antequam Claudius imperator _____ (facio), contumeliis obnoxius vixit. Si serius ad cenas advenerat, convivae totum triclinium occupabant totumque cibum comedere conabantur priusquam Claudius _____ (advenio). Si quando cibus ei erat relictus et post cibum ille obdormiverat, olearum vel palmularum ossibus incessebatur. "Quando me lacessere desistetis?" tum rogabat. "Hoc non faciemus, antequam a conviviis nostris _____ (desistere)" irrisores respondebant. Solebant et manibus stertentis socci induci, ut repente expergefactus faciem sibimet confricaret.

17.8 **Changes the verbs in parentheses in the passage below so that they have the correct tense and mood to suit their function in the clauses to which they belong.**

Vitellius nimiae luxuriei dedebatur epulas trifariam semper, interdum quadrifariam dispertiens, donec propter pravam satietatem _____ (vomere). Famosissima cena fuit ei data a fratre, in qua dum _____ (comedere), duo milia lectissimorum piscium, septem avium sunt apposita. Homo fuit non tantum profundae, sed intempestivae quoque ac sordidae gulae, qui exspectare non poterat dum sacrificium _____ (perago), sed ab altaribus viscus et farra rapiebat. Item dum popinas _____ (praetereo), ex iis obsonia, vel pridiana atque semesa, identidem abstulit.

Latin expressions for 'coming very close' to something, and related notions

Paene scopum attigeras.

Minimum aberat ut homini manus iniicerent.

Nihil fuit propius quam ut perirem.

Vix hominem cohibui, quo minus manum iniiceret.

Tantum non conserebant manus.

Tantum non adorabant.

Latin expressions for approximation

Annos natus est ferme viginti.

Annos natus circiter octoginta.

Circa lustra decem.

Annos natus est plus minus quadraginta.

Ad dies viginti.

Annos habet haud scio an duodeviginti.

Puer annos natus fortasse decem.

Free composition

Write a brief paragraph in which at least one expression from each category is employed. This should be the beginning of the paragraph:

Nunc describere vobis conabor ludum cui nuperrime interfui. Ex altera parte stant...

Latin proverb

Omne tulit punctum (Horace, *Ars poetica*, 343)

Literally, "he has taken every point". The phrase comes from the practice of indicating votes for candidates by pen-point holes in a wax tablet. It is used in a transferred sense to indicate someone who has won the highest degree of approval for something.

Free composition

Write a short paragraph exemplifying the use of this phrase. This should be the beginning of the paragraph:

"Hic omnes congregati sumus ut amico nostro ultimum vale dicamus. Triste est videre amicum de nobis discedentem, sed..."

18

Adverbial clauses: final (purpose) clauses and causal clauses

Reading: Abelard, Historia calamitatum, Quomodo in amorem Heloisae lapsus vulnus inde tam mentis quam corporis traxerit.

(Allen and Greenough, 330-333, 338-340; Bradley's Arnold, 74-75, 265-266; Minkova, 54-58)

18.1 Closely read the following passage from the works of Peter Abelard.

Abelard (1079–1142) was one of the major Latin authors of the so-called 'Renaissance of the Twelfth Century'. He made major contributions to medieval philosophy and theology, and was one of the prime movers in the intellectual ferment that gave rise to Europe's first universities. In *Historia calamitatum*, a long biographical epistle, Abelard recounts his tragic love relationship with Heloisa, a young woman entrusted to him as a private student.

Petri Abaelardi Historia calamitatum

Erat quippe in ipsa civitate Parisiis adolescentula quaedam nomine Heloisa, neptis canonici cuiusdam qui Fulbertus vocabatur, qui eam quanto amplius diligebat tanto diligentius in omnem qua poterat scientiam litterarum promoveri studuerat. Quae cum per faciem non esset infima, per abundantiam litterarum erat suprema. Nam quo bonum hoc litteratoriae scilicet scientiae in mulieribus est rarius, eo amplius puellam commendabat et in toto regno nominatissimam fecerat. Hanc igitur, omnibus circumspectis quae amantes allicere solent, commodiorem censui in amorem mihi copulare, et me id facillime credidi posse. Tanti quippe tunc nominis eram et iuventutis et formae gratia praeminebam, ut quamcunque feminarum nostro dignarer amore nullam vererer repulsam. Tanto autem facilius hanc mihi puellam consensuram credidi, quanto amplius eam litterarum scientiam et habere et diligere noveram; nosque etiam absentes scriptis internuntiis invicem liceret presentare et pleraque audacius scribere quam colloqui, et sic semper iocundis interesse colloquiis. In huius itaque adolescentulae amorem totus inflammatus, occasionem quaesivi qua eam mihi domestica et cottidiana conversatione familiarem efficerem et facilius ad consensum traherem. Quod quidem ut fieret, egi cum praedicto puellae avunculo, quibusdam ipsius amicis intervenientibus, quatenus me in domum suam, quae scholis nostris proxima erat, sub quocumque procurationis pretio susciperet, hanc videlicet occasionem praetendens, quod studium nostrum domestica nostrae familiae cura plurimum praepediret, et impensa nimia nimium me gravaret. Erat autem cupidus ille valde atque erga neptim suam, ut amplius semper in doctrinam proficeret litteratoriam, plurimum studiosus. Quibus quidem duobus facile eius assensum assecutus sum et quod optabam obtinui, cum ille videlicet et ad pecuniam totus inhiaret et neptim suam ex doctrina nostra aliquid percepturam crederet. Super quo vehementer me deprecatus, supra quam sperare praesumerem votis meis accessit, et amori consuluit, eam videlicet totam nostro magisterio committens, ut quotiens mihi a scholis reverso vacaret, tam in die quam in nocte ei docendae operam darem, et eam si neglegentem sentirem vehementer constringerem. In qua re quidem, quanta eius simplicitas esset vehementer admiratus, non minus apud me obstupui quam si agnam teneram famelico lupo committeret. Qui cum eam mihi non solum docendam, verum etiam vehementer constringendam traderet, quid aliud agebat quam ut votis meis licentiam penitus daret, et occasionem, etiam si nollemus, offerret, ut quam videlicet blanditiis non possem, minis et verberibus facilius flecterem. Sed duo erant quae eum maxime a turpi suspicione revocabant, amor videlicet neptis, et continentiae meae fama praeterita. Quid plura? Primum domo una coniungimur, postmodum animo. Sub occasione itaque disciplinae, amori penitus vacabamus, et secretos recessus, quos amor optabat, studium lectionis offerebat. Apertis itaque libris, plura de amore quam de lectione verba se ingerebant, plura erant oscula quam sententiae; saepius ad sinus quam ad libros reducebantur manus, crebrius oculos amor in se reflectebat quam lectio in scripturam dirigebat. Quoque minus suspicionis haberemus, verbera quandoque dabat amor, non furor, gratia, non ira, quae omnium unguentorum suavitatem transcenderent. Quid denique? Nullus a cupidis intermissus est gradus amoris, et si quid insolitum amor excogitare potuit, est additum; et quo minus ista fueramus experti gaudia, ardentius illis insistebamus, et minus in fastidium vertebantur. Et quo me amplius haec voluptas occupaverat, minus philosophiae vacare poteram et scholis operam dare. Taediosum mihi vehementer erat ad scholas procedere vel in eis morari; pariter et laboriosum, cum nocturnas amori vigilias et diurnas studio conservarem. Quem etiam ita negligentem et tepidum lectio tunc habebat, ut iam nihil ex ingenio sed ex usu cuncta proferrem, nec iam nisi recitator pristinorum essem inventorum, et si qua invenire liceret, carmina essent amatoria, non philosophiae secreta; quorum etiam carminum pleraque adhuc in multis, sicut et ipse nosti, frequentantur et decantantur regionibus, ab his maxime quos vita similis oblectat. Quantam autem maestitiam, quos gemitus, quae lamenta nostri super hoc scholares assumerent, ubi videlicet hanc animi mei occupationem immo perturbationem praesenserunt, non est facile vel cogitare. Paucos enim iam res tam manifesta decipere poterat, ac neminem, credo, praeter eum ad cuius ignominiam maxime id spectabat, ipsum videlicet puellae avunculum. Cui quidem hoc cum a nonnullis nonnumquam suggestum fuisset, credere non poterat, tum, ut supra memini, propter immoderatam suae neptis amicitiam, tum etiam propter anteactae vitae meae continentiam cognitam. Non enim facile de his quos plurimum diligimus turpitudinem suspicamur, nec in vehementi dilectione turpis suspicionis labes potest inesse. Unde et illud est beati Hieronymi in epistula ad Castricianum: "Solemus mala domus nostrae scire novissimi ac liberorum ac coniugum vitia, vicinis canentibus, ignorare." Sed quod novissime scitur, utique sciri quandoque contingit, et quod omnes deprehendunt, non est facile unum latere; sic itaque pluribus evolutis mensibus et de nobis accidit. O quantus in hoc cognoscendo dolor avunculi! Quantus in separatione amantium dolor ipsorum! quanta sum erubescentia confusus! Quanta contritione super afflictione puellae sum afflictus! Quantos maeroris ipsa de verecundia mea sustinuit aestus! Neuter quod sibi, sed quod alteri contigerat querebatur; neuter sua, sed alterius plangebat incommoda. Separatio autem haec corporum maxima erat copulatio animorum, et negata sui copia amplius amorem accendebat, et verecundiae transacta iam passio inverecundiores reddebat; tantoque verecundiae minor extiterat passio quanto convenientior videbatur actio. Actum itaque in nobis est quod in Marte et Venere deprehensis poetica narrat fabula. Non multo autem post, puella se concepisse comperit, et cum summa exultatione mihi super hoc ilico scripsit, consulens quid de hoc ipse faciendum deliberarem. Quadam itaque nocte, avunculo eius absente, sicut nos condixeramus, eam de domo avunculi furtim sustuli et in patriam meam sine mora transmisi; ubi apud sororem meam tam diu conversata est donec pareret masculum quem Astralabium nominavit. Avunculus autem eius post ipsius recessum quasi in insaniam conversus, quanto aestuaret dolore, quanto afficeretur pudore, nemo nisi experiendo cognosceret. Quid autem in me ageret, quas mihi tenderet insidias, ignorabat. Si me interficeret seu in aliquo corpus meum debilitaret, id potissimum metuebat ne dilectissima neptis hoc in patria mea plecteretur. Capere me et invitum alicubi coercere nullatenus valebat, maxime cum ego mihi super hoc plurimum providerem, quod eum, si valeret vel auderet, citius aggredi non dubitarem. Tandem ego eius immoderatae anxietati admodum compatiens, et de dolo quem fecerat amor tanquam de summa proditione me ipsum vehementer accusans, conveni hominem supplicando et promittendo quamcunque super hoc emendationem ipse constitueret, nec ulli mirabile id videri asserens, quicumque vim amoris expertus fuisset, et qui quanta ruina summos quoque viros ab ipso statim humani generis exordio mulieres deiecerint memoria retineret. Atque ut amplius eum mitigarem supra quam sperare poterat, obtuli me ei satisfacere, eam scilicet quam corruperam mihi matrimonio copulando, dummodo id secreto fieret, ne famae detrimentum incurrerem. Assensit ille, et tam sua quam suorum fide et osculis eam quam requisivi concordiam mecum iniit, quo me facilius proderet... (sequetur)

18.2 **Give full answers to the questions that follow. The first words of each answer are indicated after each question.**

a   Qua de causa Abaelardo placuit Heloisa? – Heloisa Abaelardo placuit, ...

b.   Quo proposito Abaelardus Heloisam alumnam voluit? – Abaelardus Heloisam alumnam voluit, ...

c.   Cur Abaelardus credebat se facile a puella iri amatum? – Abaelardus credebat se facile a puella iri amatum, ...

d.   Ad quem finem avunculus neptim Abaelardo tradere volebat? – Avunculus neptim Abaelardo tradere volebat, ...

e. Cur avunculus Abaelardo plenam fidem tribuebat? – Avunculus Abaelardo plenam fidem tribuebat, …

f. Quo proposito avunculus Abaelardo dedit licentiam Heloisae constringendae? – Avunculus Abaelardo licentiam Heloisae constringendae dedit, …

g. Cur Abaelardus philosophiae minus vacare coepit? – Abaelardus philosophiae minus vacare coepit, …

h. Quamobrem avunculus de amore Abaelardi Heloisaeque ultimus certior est factus? – Avunculus de amore Abaelardi Heloisaeque ultimus certior est factus, …

i. Cur alumni Abaelardi hoc de amore turbabantur? – Alumni Abaelardi hoc de amore turbabantur, …

j. Qua de causa separatio Abaelardi ab Heloisa haud erat vera separatio? – Separatio Abaelardi ab Heloisa haud erat vera separatio, …

k. Ad quem finem Abaelardus Heloisam a domicilio avunculi abduxit? – Abaelardus Heloisam a domo avunculi abduxit, …

l. Cur avunculus Abaelardum saeve punire non audebat? – Avunculus Abaelardum saeve punire non audebat, …

m. Quo proposito Abaelardus avunculum tandem convenit? – Abaelardus avunculum tandem convenit, …

n. Cur Abaelardus matrimonium secretum proponebat? – Abaelardus matrimonium secretum proponebat, …

18.3 **Rewrite each of the sentences that follow in as many different ways as possible, so that each version contains a different way of expressing purpose.**

Example:

Legati veniunt ut pacem petant.

Legati veniunt ad pacem petendam.

Legati veniunt pacis petendae causa (gratia).

Legati veniunt pacem petitum.

Legati veniunt pacem petituri.

Legati veniunt qui pacem petant.

a. Abaelardus novam alumnam invenit ut amorem inveniret.
(In one of the versions of this sentence add the adverb *facilius* to apply to the verb *inveniret*.)

b. Abaelardus avunculum adit ut Heloisam uxorem petat.

    c.   Libri leguntur ut ex iis maior doctrina quaeratur.

    d.   Amantes conveniunt ut gaudia amatoria gustent.

18.4   **From the short sentences written below, construct longer sentences, each consisting of two of the shorter ones. Construct each sentence so that it consists of a main clause and a causal clause. Where necessary, adjust the tense and mood of the verb in the subordinate clause. Do not use the same clause twice.**

Example:

Heloisa toto in regno celeberrima erat.
Studiis litterarum valde dedicabatur.

Heloisa toto in regno celeberrima erat, quia studiis litterarum valde dedicabatur.

Abaelardus et Heloisa amore flagrabant.

Abaelardus Heloisam amore deperibat.

Abaelardus Heloisam uxorem ducere voluit.

Avunculus ad pecuniam totus inhiabat.

Avunculus agnam teneram lupo famelico tradidit.

Avunculus cupiebat Heloisam litteris imbui.

Avunculus Heloisam Abaelardo diu noctuque docendam tradidit.

Avunculus simplicissimus admodumque stultus erat.

Heloisa filium Abaelardi peperit.

Heloisa iuvenis eximia videbatur.

Parvum pretium quod pro docenda Heloisa Abaelardus poscebat avunculo arrisit.

Plura erant oscula quam sententiae, manus saepius ad sinus quam ad libros reducebantur.

18.5   **Change, where possible, the causal clauses in the sentences written for exercise 18.4 into causal clauses with the relative pronoun.**

Example:

Cum libri ei non mitterentur, Abaelardus irascebatur.

Abaelardus irascebatur, quippe cui libri non mitterentur.

Latin expressions for persuading, advising, and related notions

    Te auctore suscepi negotium.

    Tuo impulsu feci.

Te impulsore feci.

Tuo suasu.

Te suasore, te consultore.

Tuo consilio.

Tuo instinctu.

Latin expressions for purposeful action, related ideas, and the contrary

Prudens fecit.

Sciens fecit.

De industria fecit.

Ex composito fecit.

Studiose fecit.

Data opera, dedita opera fecit.

Studio fecit, consulto fecit, consilio fecit.

Imprudens, nesciens, necopinans fecit.

Per errorem, errore factum est.

Per imprudentiam.

Peccavi inconsulte.

Free composition

Write a brief paragraph in which at least one expression from each category is employed. This should be the beginning of the paragraph:

Cuius culpa vinculum amatorium inter Abaelardum et Heloisam est exortum? Uter utrum hanc in rem induxit?...

Latin proverb

Ebur atramento candefacere (Plautus, *Mostellaria*, 259)

Literally, 'to whiten ivory with ink'. The proverb may be used to express an impossible wish – especially one seeking to use artifice to modify natural properties.

Free composition

Write a short paragraph exemplifying the use of this phrase. This should be the beginning of the paragraph:

Soror mea est pulcherrima. Capillum habet nigrum atque crispum. Illa tamen capillum flavum habere mavult...

19

Adverbial clauses: consecutive (result) clauses, concessive clauses

Reading: Erasmus of Rotterdam, Epistula ad Nicolaum Varium Marvillanum.
(Allen and Greenough, 328-329, 336-338; Bradley's Arnold, 77-81, 236, 262-264, 276-281; Minkova, 58-62)

19.1 Carefully read the following letter by Erasmus. His letters contain vivid depictions of events of the time, such as this one.

Erasmus Roterodamus Nicolao Vario Marvillano S.

....Quod nuper accidit accipe.... Evocatus amoenitate coeli, secesseram in hortum, quem Ioannes Frobenius satis amplum et elegantem meo commercatus est hortatu. Nam ibi soleo pomeridianis aliquot horis vel somnum obrepentem arcere vel assiduitatis taedium fallere, si quando invitat aeris temperies. Post deambulatiunculam conscenderam domunculam hortensem, iamque coeperam aliquid ex Chrysostomo vertere, cum interim vitreas fenestras ferit fulmen, sed tacitum ac lene. Primum suspicabar oculorum esse errorem. Cum rursus semel atque iterum effulsisset, demiror ac prospicio si se vertisset coelum, contractisque nubibus pluviam ac tempestatem minaretur. Ubi nihil video periculi, ad librum redeo. Mox auditur sonitus, sed obtusior. Ad eum modum poetae narrant Iovem ludere, si quando est hilarior; siquidem longe aliud fulminis genus erat quo gigantum moles disiecit ac Salmonea et Ixionem demisit in

127

Tartara. Paulo post emicat plus fulgoris, et audio fragorem horribilem, cuiusmodi fere crepitus audiri solet, si quando fulminis ictus impegit se vehementius in aliquid solidum....

...Surrexi et prospicio quae sit coeli facies. Ad laevam erat serenitas, ad dexteram conspicio novam nubis speciem, velut e terra sese proferentis in sublime, colore propemodum cinericio, cuius cacumen velut inflexum sese demittebat. Dixisses scopulum quempiam esse vertice nutantem in mare. Quo contemplor attentius, hoc minus videbatur nubi similis. Dum ad hoc spectaculum stupeo, accurrit famulorum unus quem domi reliqueram, admonens ut subito me domum recipiam; civitatem armatam in tumultu esse. Nam is mos est huic reipublicae, ut sicubi fuerit exortum incendium, confestim armati procurrant ad tuendas portas ac moenia. Nec satis tutum est armatis occurrere; ferrum enim addit ferociam animis, praesertim ubi nihil est periculi. Hortus autem in quo studebam erat pone moenia. Recurro domum, multis obviis armatis. Aliquanto post rem totam didicimus, quae sic se habebat.

19.2   To the sentence-beginnings listed below join the phrases which are provided after each beginning. The moods and tenses of verbs will have to be changed so that these phrases become subordinate clauses depending on each sentence-beginning. Conjunctions or pronouns which should link each subordinate phrase to the main clauses are indicated in parentheses.

Example:

(separate statements) Tantus fuit fragor......   Fenestrae sunt concussae.   (ut)

(statements joined) Tantus fuit fragor, ut fenestrae sint concussae.

(separate statements) Haec fabula est digna......   Ab omnibus auditur.
 (qui/quae/quod)

(statements joined) Haec fabula est digna quae ab omnibus audiatur.

a.   Adeo amoenus erat hortus....Erasmus ibi libentissime otio fruebatur. (ut)

b.   Nullum studium adeo mentem Erasmi tenebat.... Studium ab eo in horto quiescendi causa intermittebatur. (quin)

c.   Tam serenum erat caelum.... Erasmus aliquid fulmini simile conspiciens oculis fidem non tribuit. (ut)

d.   Ludit Iuppiter..... Nubes tamen concutiuntur, animantia tremunt. (ut)

e.   Aliud illud fulminis genus idoneum erat.... Gigantes in Tartara sunt demissi. (qui/quae/quod)

f.   Nubes e terra sese proferre in sublime videtur... Cacumen tamen velut inflexum sese demittit. (quamvis)

g.   Illud spectaculum Erasmo dignum videbatur.... Diutius contemplabatur. (qui/quae/quod)

h.   Sicubi eo in oppido erat exortum incendium, tantus terror cives occupabat... Confestim armati procurrebant ad tuendas portas ac moenia. (ut)

i.   Fulmina tamen Erasmum turbaverunt........ Diligenter in Chrysostomum incumbebat. (qui/quae/quod)

19.3   **Read the following pasage, taken from the same letter by Erasmus.**

> Paucis ante diebus in unam turrim earum quibus moenia ex intervallis muniuntur, delata fuerant aliquot vasa pulveris bombardici[5]. Ea cum magistratus iussisset reponi in summa camera turris, nescio quorum incuria reposita sunt in imam turrim. Quod si vis pulveris in summo fuisset, tectum modo sustulisset in aera, reliquis innocuis. Ac miro casu per rimas illas speculatorias fulmen illapsum attigit pulverem, moxque vasa omnia corripuit incendium. Primum impetus incendii tentavit an esset oneri ferendo possetque totam molem in altum tollere. Idque testantur qui viderunt turrim iuxta partes imas hiantem semel atque iterum, sed rursus in se coeuntem. Ubi vis ignis sensit molem esse graviorem quam ut totam posset subvehere, eo conatu relicto totam turrim in quatuor partes immani crepitu dissecuit, sed tanta aequalitate ut amussi geometrica factum videri posset, ac per aera aliam alio sparsit. Ipse pulvis accensus in altum se recepit, qui flamma consumpta cinericiae nubis praebebat speciem. Vidisses immania fragmenta turris, avium ritu, volitare per aera; quaedam ad ducentos passus deferri, qua dabatur liberum aeris spatium; alia civium domos longo tractu demoliri.

19.4   **Answer the following questions with complete sentences. The first words of each answer are supplied in parentheses after each question.**

Example:

(question) Qui locus oppidanis aptissimus ad vasa servanda videbatur? (Turris videbatur aptissima in qua....)

(answer) Turris videbatur aptissima in qua vasa servarentur.

---

5   Pulvis bombardicus = gunpowder.

a. Ubi tutius collocari poterant pulveris nitrati[6] vasa? (Summa turris magis erat idonea in qua.....)

b. Possumusne negare pulverem eiusmodi esse rem periculosam? (Nemo est qui...)

c. Quanta fulminis fuit vis? (Tanta fuit fulminis vis, ut...)

d. Turris fortissima displosionis vim continere non potuit. In quot partes est dissecta turris illa? (Quamvis fortis......)

e. Turris fragmenta erant immania. Sed quali modo per aera volitare videbantur? (Cum immania.....tamen ....)

19.5 **Read the following passage, taken from the same letter by Erasmus.**

Non procul a turri magistratus curarat exstruendas aediculas quasdam. Hae lateris unius impetum excepere. Tantus autem erat fragor tamque subitus, ut qui erant in propinquo putarent rupto coelo mundum in chaos abiturum. Nec ridiculum putabatur quod vulgo dici solet: Quid si coelum ruat? In agris multi sunt ruina oppressi, multi sic membris vel truncati vel afflicti ut miserandum spectaculum praeberent obviis: e quibus aiunt exstinctos numero duodecim, misere vexatos quatuordecim. Sunt qui credant hoc ostento quiddam portendi in futurum; ego nihil aliud arbitror significari quam incogitantiam eorum qui casum eum non usque adeo rarum non praecaverint. Nec mirum si pulvis ille levissimus disiecit saxeum aedificium: etiam si turrim eam undique ducentorum pedum cinxisset paries, ignis ille subitus ac vehemens disiectis obstaculis omnibus erupisset in suum locum. Quid autem vento mollius? Et tamen inclusus terrae cavis Boreas nonne montes totos concutit, terram hiatu diducit, et interdum campos spatiosos in collem erigit?

Quis hoc machinarum genus excogitavit? Olim artes ad humanae vitae usum repertas diis attribuit antiquitas, veluti medicinam Apollini, agricolationem Cereri, vitis culturam Baccho, furandi artificium Mercurio. Huius inventi laudem non puto cuiquam deberi, nisi vehementer ingenioso cuipiam, nec minus scelerato cacodaemoni. Si quid tale comminisci potuisset Salmoneus ille, potuisset vel ipsi Iovi medium unguem ostendere. Et tamen hic nunc Christianorum atque adeo puerorum lusus est. In tantum apud nos decrescit humanitas, accrescit immanitas.

---

6 Pulvis nitratus = pulvis bombardicus.

Olim Corybantes tympanorum et tibiarum strepitu homines compellebant in rabiem. Habet enim ille sonitus miram vim ad commovendos animos. At horribilius sonant nostra tympana, nunc anapaestis, nunc pyrrhichiis perstrepentia. At his nunc pro tubis Christiani utimur in bello, quasi illic non satis sit esse fortem, sed oporteat furere. Quid autem dixi de bello? Utimur in nuptiis, utimur diebus festis, utimur in templis. Ad furiosum illum sonitum procurrunt in publicum virgines, saltat nova nupta, ornatur festi diei celebritas, qui tum est maxime laetus, si toto die per urbem obambulat plusquam Corybanticus tumultus. At ego arbitror apud inferos non alio organo celebrari dies festos, si modo sunt illic ulli. Plato putat magni referre quo genere musices uteretur civitas, quid dicturus si hanc musicam audisset inter Christianos? Iam hoc musicae genus quod simul et flatile est et pulsatile, in templis sollemne, quibusdam non placet, nisi bellicam tubam longe superat. Nec id satis; sacrificus vocem ad tonitrui fragorem effingit, nec alii magis placent aliquot Germaniae principibus. Adeo nostris ingeniis nihil est dulce quod non sapiat bellum. Sed desino iocari. Bene vale.

19.6 **Fill the gaps in the sentences written below. The words to be used to fill these gaps are indicated in parentheses. So that the elements fit the rest of each sentence, endings of words supplied in parentheses, such as participles, adjectives, verbs, pronouns, etc., will have to be changed. The order of the words supplied in parentheses may also be altered, but no words should be added or omitted.**

a.   (clades illa ne) omnium maximam putemus, nemo tamen (esse fateri quin) stragem hac displosione factam esse ingentem.

b.   (fuisse) qui (dictitare) rupto coelo mundum in chaos abiturum.

c.   Tanta vi disiecta est turris, ut in agris adiacentibus (homo occidi duodecim).

d.   Licet pulvis ille tibi (videri) esse levissimus, nihil fere usquam invenitur (quae maior) in se (vis habere).

e.   Huiusmodi machinae Erasmo (qui videri dignus) a diabolo, non ab hominibus, (usurpari).

f.   Etiamsi mores Christianorum cultiores quam Romanorum antiquorum Erasmo et eius aequalibus procul dubio (videri), quis (quin fuisse) strepitus immanes, quibus Christiani erant assuefacti, vehementer (improbare)?

g.   "Nihil," inquit Erasmus, "(plerique homo) nunc videtur dulce, (bellorum sapere quin)."

Latin expressions for lack of concern, rashness, and related ideas

Nihil habet pensi.

Pro sua libidine rem gerit.

Audacia illi pro sapientia in consilio est.

Aequi atque iniqui nulla ratio est.

Quid deceat, quid non susque deque habet.

Impetu fertur, magis quam iudicio ducitur.

Nihil habet pensi quid in quem dicat.

Latin expressions for what is customary, related ideas, and the opposite

Insuevit fallere.

Assuevit mentiri.

Consueta relinquere durum est.

Optimis assuescendum.

Armis belloque desueti.

Ad ista iampridem occalluit animus.

Istuc tuo more facis.

Istuc tibi solemne est.

Moris est.

Res aut nova aut vetustate exemplorum memoriae iam exoletae.

Ista iam in desuetudinem abiere.

Free composition

Write two brief paragraphs in which at least two expressions from the first category and two from the second are employed. These should be the beginnings of the paragraphs:

Audacissimum quemque opinor esse idoneum qui magistratibus civilibus fungatur...

Bene me scire credebam quae consilia non solum a senatoribus sed etiam ab aliis civibus probarentur...

Latin proverb/metaphor

Hariolari (Terence, *Phormio*, 492)

This verb literally means 'to prophesy', but the word can be used in a transferred sense to mean 'speak nonsense'. The expression occurs often in Roman comedy.

Free composition

Write a short paragraph exemplifying the use of this word. This should be the beginning of the paragraph:

Socrates, postquam diem supremum obivit, maxime inclaruit. Princeps philosophorum habebatur Graecorumque sapientissimus. Ipse autem vivus se nihil scire assidueque quaerere quae esset sapientia semper asseveraverat...

20

Adverbial clauses: conditional sentences

Reading: Cicero, Tusculanae disputationes, V, 66-69.

(Allen and Greenough, 311-327; Bradley's Arnold, 246-248, 251-254; Minkova, 63-65)

20.1 **Carefully read the following passsage from Cicero's** *Tusculanae disputationes.*

Cic. Tusculanae disputationes V, 66-69

66. Quo cum patefactus esset aditus, ad adversam basim accessimus. Apparebat epigramma exesis posterioribus partibus versiculorum dimidiatum fere. Ita nobilissima Graeciae civitas, quondam vero etiam doctissima, sui civis unius acutissimi monumentum ignorasset, nisi ab homine Arpinate didicisset. Sed redeat, unde aberravit oratio: quis est omnium, qui modo cum Musis, id est cum humanitate et cum doctrina, habeat aliquod commercium, qui se non hunc mathematicum malit quam illum tyrannum? Si vitae modum actionemque quaerimus, alterius mens rationibus agitandis exquirendisque alebatur cum oblectatione sollertiae, qui est unus suavissimus pastus animorum, alterius in caede et iniuriis cum et diurno et nocturno metu. Age confer Democritum, Pythagoram, Anaxagoram: quae regna, quas opes studiis eorum et delectationibus antepones?

67. Etenim, quae pars optuma est in homine, in ea situm esse necesse est illud, quod quaeris, optumum. Quid est autem in homine sagaci ac bona mente melius? Eius bono

135

fruendum est igitur, si beati esse volumus; bonum autem
mentis est virtus; ergo hac beatam vitam contineri necesse
est. Hinc omnia quae pulchra honesta praeclara sunt, ut
supra dixi, sed dicendum idem illud paulo uberius videtur,
plena gaudiorum sunt. Ex perpetuis autem plenisque gaudiis
cum perspicuum sit vitam beatam existere, sequitur ut ea
existat ex honestate.

68. Sed ne verbis solum attingamus ea quae volumus
ostendere, proponenda quaedam quasi moventia sunt, quae
nos magis ad cognitionem intellegentiamque convertant.
Sumatur enim nobis quidam praestans vir optumis artibus,
isque animo parumper et cogitatione fingatur. Primum
ingenio eximio sit necesse est; tardis enim mentibus virtus
non facile comitatur; deinde ad investigandam veritatem
studio incitato. Ex quo triplex ille animi fructus existet,
unus in cognitione rerum positus et in explicatione naturae,
alter in discriptione expetendarum fugiendarumque rerum
et in ratione bene vivendi, tertius in iudicando, quid cuique
rei sit consequens quid repugnans, in quo inest omnis cum
subtilitas disserendi, tum veritas iudicandi.

69. Quo tandem igitur gaudio adfici necesse est sapientis
animum cum his habitantem pernoctantemque curis! Ut, cum
totius mundi motus conversionesque perspexerit sideraque
viderit innumerabilia caelo inhaerentia cum eius ipsius motu
congruere certis infixa sedibus, septem alia suos quaeque
tenere cursus multum inter se aut altitudine aut humilitate
distantia quorum vagi motus rata tamen et certa sui cursus
spatia definiant—horum nimirum aspectus impulit illos
veteres et admonuit, ut plura quaererent; inde est indagatio
nata initiorum et tamquam seminum, unde essent omnia orta
generata concreta, quaeque cuiusque generis vel inanimi vel
animantis vel muti vel loquentis origo, quae vita, qui interitus
quaeque ex alio in aliud vicissitudo atque mutatio, unde
terra et quibus librata ponderibus, quibus cavernis maria
sustineantur, qua omnia delata gravitate medium mundi
locum semper expetant, qui est idem infimus in rotundo.

20.2 Change the structure of the sentences below so that they become conditional.
Changes in the tenses and moods of verbs will be necessary. Sometimes
subordinate clauses will take the place of participles.

Example:

Agnoscamus quid cuique rei sit consequens quid repugnans: ex hac scientia nobis accedat non solum subtilitas disserendi, sed veritas etiam iudicandi. (future condition)

Si agnoverimus quid cuique rei sit consequens quid repugnans, ex hac scientia nobis accedet non solum subtilitas disserendi, sed veritas etiam iudicandi.

a. Commercia cum Musis habentes beatiorem hunc mathematicum putamus quam illum tyrannum. (potential condition)

b. Confer Democritum, Pythagoram, Anaxagoram: nulla regna, nullas opes studiis eorum antepones. (future condition)

c. Aliter educatus et eruditus mores tyrannorum respuisset. (past counterfactual condition)

d. Illae res sunt pulchrae et praeclarae: plenae igitur sunt gaudiorum. (general present condition)

e. Dicis vitam beatam exsistere: fatendum tibi est talem vitam ex honestate exsistere. (future condition)

f. Fingatur a nobis quidam praestans vir optumis artibus: ingenium eius sit necessario eximium. (present counterfactual condition)

g. Tardiore mente non impeditus virtutem facilius agnoscerem. (present counterfactual condition)

h. Gaudio adficiar totius mundi motus conversiones perspiciens. (optative condition)

20.3 **Below are some incomplete conditional sentences. Complete each sentence using the words supplied in parentheses after each sentence-beginning. The endings and sometimes the order of the words in parentheses will have to be changed so that they correctly complete the conditional sentences. No words should be added or omitted.**

a. Nisi epigramma invenissem, nemo (monumenti virum videre acutissimum nunc)

b. Si cum Musis commercia habeamus, doctrinam et scientiam (anteponere imperium semper).

c. Si de vita beata cras te interrogavero, (idem respondere nonne) quae hodie respondisti?

d. Numquam attingemus ea quae volumus ostendere, nisi nos ipsi (proponere quoddam movens quasi), quae nos magis ad cognitionem intellegentiamque convertant.

e. Virtus homines facile comitatur, (ingenium esse eximium dummodo) praediti.

f. Sapiens ille gaudio semper afficiebatur, (res caelestes modo a ne) contemplatione mentem avocaret.

20.4 **Fill the gaps in the paragraph written below, using the appropriate words from the list written after the paragraph.**

Nobilissima Graeciae civitas Archimedis memoriam prorsus (_____), nisi quis epigramma in eius monumenti basi inscriptum (_____). Si tamen Archimedis vitam (_____) cum vita cuiusvis regis, cuius sepulchrum simulacris aedificiisque saxeis ornatum semper servatur, dubitare (_____) quin mathematicus quam rex multo beatior fuerit. Mens enim Archimedis rationibus agitandis exquirendisque semper (_____), dummodo in secessu illi manere otioque frui (_____). Si autem regi negotiis vacare (_____), metu tamen diurno nocturnoque numquam (_____). Si quis igitur vivendi rationem optimam sequi (_____), Archimedem an Agathoclem, regem Siculorum (_____)? Mathematicum equidem illum (_____), si tu a me iam (_____) ut vitae beatae exemplum quasi digito demonstrem.

liceret	conferimus
voluerit	exegeris
nequimus	licuerat
elegerim	alebatur
invenisset	perdidisset
imitetur	vacabat

20.5 **Fill the gaps in the unreal (counterfactual) conditional sentences written below, using the appropriate words from the list written after the sentences.**

a. Nisi triplex ille animi fructus exstaret, (_____) neque philosophos neque mathematicos esse beatos.

b. Cum subtilitas disserendi, tum veritas iudicandi nobis denegarentur, nisi quid cuique rei esset consequens quid repugnans iudicandi facultatem (_____).

c. Necesse nobis (_____) sapientem esse beatum negare, nisi nemo unquam (_____) quin philosophi studiis invigilantes gaudio afficerentur summo.

d. Siderum innumerabilium aspectus numquam illos veteres (_____) ut plura quaererent, si rerum terrestrium scientia hominibus (_____).

e. (_____)ne (_____) unde essent omnia orta generata concreta, nisi Archimedis exemplo (_____) incitatus?

sufficeret	fatendum nobis erat
dubitasset	erat
haberemus	esses
eras	impulisset
rogaturus	

Latin expressions for division, distribution, composition and related ideas

Omnis eloquentia rebus constat et verbis.

Rerum universitas decem generibus continetur.

Officium oratoris in quinque partes distribuitur.

Oratio sex partes complectitur.

Oratio sex partibus absolvitur.

Primum genus sex continet species.

Respublica in tres dividitur formas.

Syllogismus trifariam dividitur.

Omnis argumentatio in formas octo diducitur.

Huic generi species subiectae sunt decem.

Praeiudiciorum vis omnis tribus in generibus versatur.

Free composition

Write a paragraph in which at least three of these expressions are employed.

Quam involuta, quam multiplex est philosophia! Cuius partes enumerare omnes quis valebit? Nec eius partes sunt simplices, nec individuae, sed potius dividuae...

Latin proverb

Etiam capillus unus (Publilius Syrus, *Sententiae* [ed. Bickford-Smith], 183)

Literally, 'even one hair'. The proverb may be used to indicate the idea that even the smallest addition can have an effect.

Free composition

Write a short paragraph exemplifying the use of this proverb.

Quam lauta fuit illa cena! Rogasne ut tibi narrem quot fercula sint allata et apposita?...

21

Adverbial clauses: comparative, adversative, restrictive clauses

Reading: Abelard, Historia calamitatum, Dehortatio supradictae puellae a nuptiis; de plaga illa corporis.

(Allen and Greenough, 335; Bradley's Arnold, 268-274; Minkova, 65-67)

21.1 **Carefully read the following passage from Abelard's** *Historia Calamitatum*.

(the narrative is continued from the passage in chapter 18).

Ilico ego ad patriam meam reversus amicam reduxi ut uxorem facerem, illa tamen hoc minime approbante, immo penitus duabus de causis dissuadente, tam scilicet pro periculo quam pro dedecore meo. Iurabat illum (sc. avunculum) nulla unquam satisfactione super hoc placari posse, sicut postmodum cognitum est. Quaerebat etiam quam de me gloriam habitura esset, cum me ingloriosum efficeret, et se et me pariter humiliaret. Quantas ab ea mundus poenas exigere deberet, si tantam ei lucernam auferret; quantae maledictiones, quanta damna ecclesiae, quantae philosophorum lacrimae hoc matrimonium essent secuturae. Quam indecens, quam lamentabile esset, ut quem omnibus natura creaverat, uni me feminae dicarem et turpitudini tantae subicerem. Detestabatur vehementer hoc matrimonium, quod mihi per omnia probrosum esset atque onerosum. ... Haec et similia persuadens seu dissuadens, cum meam deflectere non posset stultitiam nec me sustineret offendere, suspirans vehementer et lacrimans perorationem suam tali fine terminavit: "Unum, inquid, ad ultimum restat ut in perditione duorum, minor non succedat dolor quam praecessit amor." Nec in hoc ei, sicut universus agnovit mundus, prophetiae defuit spiritus. Nato itaque parvulo nostro, sorori meae commendato, Parisios occulte revertimur; et, post paucos dies, nocte secretis orationum vigiliis in quadam ecclesia celebratis, ibidem, summo mane, avunculo eius atque quibusdam nostris vel ipsius amicis assistentibus, nuptiali benedictione confoederamur; moxque occulte divisim abscessimus, nec nos ulterius nisi raro latenterque vidimus, dissimulantes plurimum quod egeramus. Avunculus autem ipsius atque domestici eius, ignominiae suae solacium quaerentes, initum matrimonium divulgare et fidem mihi super hoc datam violare ceperunt; illa autem e contra anathematizare et iurare quia falsissimum esset. Unde vehementer ille commotus crebris eam contumeliis afficiebat. Quod cum ego cognovissem, transmisi eam ad abbatiam quandam sanctimonialium prope Parisios, quae Argenteolum appellatur, ubi ipsa olim puellula educata fuerat atque erudita, vestesque ei religionis quae conversationi monasticae convenirent, excepto velo, aptari feci et his eam indui. Quo audito, avunculus et consanguinei seu affines eius opinati sunt me nunc sibi plurimum illusisse, et ab ea moniali facta me sic facile velle expedire. Unde vehementer indignati et adversum me coniurati, nocte quadam quiescentem me atque dormientem in secreta hospitii mei camera, quodam mihi serviente per pecuniam corrupto, crudelissima et pudentissima ultione punierunt, et quam summa ammiratione mundus excepit, eis videlicet corporis mei partibus amputatis quibus id quod plangebant commiseram. Quibus mox in fugam conversis, duo qui comprehendi potuerunt oculis et genitalibus privati sunt, quorum alter ille fuit supradictus serviens qui, cum in obsequio meo mecum maneret, cupiditate ad proditionem ductus est. Mane autem facto, tota ad me civitas congregata, quanta stuperet ammiratione, quanta se affligeret lamentatione, quanto me clamore vexarent, quanto planctu perturbarent, difficile, immo impossibile est exprimi. Maxime vero clerici ac praecipue scholares nostri intolerabilibus me lamentis et eiulatibus cruciabant, ut multo amplius ex eorum compassione quam ex vulneris laederer passione, et plus erubescentiam quam plagam sentirem, et pudore magis quam dolore affligerer. Occurrebat animo quanta modo gloria pollebam, quam facili et turpi casu haec humiliata, immo penitus esset extincta, quam iusto Dei iudicio in illa corporis mei portione plecterer in qua deliqueram; quam iusta proditione is quem antea prodideram vicem mihi retulisset; quanta laude mei aemuli tam manifestam aequitatem efferrent; quantam perpetui doloris contritionem plaga haec parentibus meis et amicis esset collatura; quanta dilatatione haec singularis infamia universum mundum esset occupatura. Qua mihi ulterius via pateret! Qua fronte in publicum prodirem, omnium digitis demonstrandus, omnium linguis corrodendus, omnibus monstruosum spectaculum futurus. Nec me etiam parum confundebat, quod secundum occidentem legis litteram tanta sit apud Deum eunuchorum abhominatio, ut homines amputatis vel attritis testiculis eunuchizati intrare ecclesiam tanquam olentes et immundi prohibeantur, et in sacrificio quoque talia penitus animalia respuantur. ... In tam misera me contritione positum, confusio fateor, pudoris potius quam devotio conversionis ad monasticorum latibula claustrorum compulit. Illa tamen, prius ad imperium nostrum sponte velata, et monasterium ingressa. Ambo itaque simul sacrum habitum suscepimus, ego quidem in abbatia sancti Dyonisii, illa in monasterio Argenteoli supradicto.... Vix autem de vulnere adhuc convalueram, cum ad me confluentes clerici tam ab abbate nostro quam a me ipso continuis supplicationibus efflagitabant, quatenus quod hucusque pecuniae vel laudis cupiditate egeram, nunc amore Dei operam studio darem, attendens quod mihi fuerat a Domino talentum commissum, ab ipso esse cum usuris exigendum, et qui divitibus maxime hucusque intenderam, pauperibus erudiendis amodo studerem; et ob hoc maxime dominica manu me nunc tactum esse cognoscerem, quo liberius a carnalibus illecebris et tumultuosa vita saeculi abstractus studio litterarum vacarem, nec tam mundi quam Dei vere philosophus fierem. Erat autem abbatia illa nostra ad quam me contuleram saecularis admodum vitae atque turpissimae, cuius abbas ipse quo ceteris praelatione maior tanto vita deterior atque infamia notior erat. Quorum quidem intolerabiles spurcitias ego frequenter atque vehementer modo privatim modo publice redarguens, omnibus me supra modum onerosum atque odiosum effeci. Qui ad cotidianam discipulorum nostrorum instantiam maxime gavisi occasionem nacti sunt, qua me a se removerent. Diu itaque illis instantibus atque importune pulsantibus, abbate quoque nostro et fratribus intervenientibus, ad cellam quandam recessi, scholis more solito vacaturus. Ad quas quidem tanta scholarium multitudo confluxit, ut nec locus hospitiis nec terra sufficeret alimentis. Ubi, quod professioni meae convenientius erat, sacrae plurimum lectioni studium intendens, saecularium artium disciplinam quibus amplius assuetus fueram et quas a me plurimum requirebant non penitus abieci, sed de his quasi hamum quendam fabricavi, quo illos philosophico sapore inescatos ad verae philosophiae lectionem attraherem... Cum autem in divina scriptura non minorem mihi gratiam quam in saeculari Dominus contulisse videretur, coeperunt admodum ex utraque lectione scholae nostrae multiplicari et ceterae omnes vehementer attenuari. Unde maxime magistrorum invidiam atque odium adversum me concitavi, qui in omnibus quae poterant mihi derogantes, duo praecipue absenti mihi semper obiciebant: quod scilicet proposito monachi valde sit contrarium saecularium librorum studio detineri, et quod sine magistro ad magisterium divinae lectionis accedere praesumpsissem; ut sic videlicet omne mihi doctrinae scholaris exercitium interdiceretur; ad quod incessanter episcopos, archiepiscopos, abbates, et quascunque poterant religiosi nominis personas incitabant...

21.2 **Compose from the following separate phrases three composite sentences, each of which contains an adversative clause. Conjunctions will need to be added, and the mood of some verbs will have to be changed.**

Abaelardus et Heloisa matrimonium initum celabant.

Abaelardus in dolore atque pudore suo solus manere malebat.

Avunculus Heloisae Abaelardum ad neptim in matrimonium ducendam cogebat.

Avunculus Heloisae aliique consanguinei nuptias cum Abaelardo factas patefacere cupiebant.

Heloisa Abaelardum a nuptiis dehortari conabatur.

Magna turba ad Abaelardum consolandum undique confluebat.

21.3 **In each of the following sentences restrictive clauses should be supplied. (A phrase in parentheses following each sentence states openly what each restrictive clause should imply. In order to change these statements into restrictive clauses, some words—such as negatives, for example—will have to be changed or removed. Conjunctions, relatives, etc. will need to be added, and the mood of verbs should be altered where necessary.)**

a. Heloisa conata est Abaelardum a nuptiis dehortari _____ (opinio tamen eius non multum valebat).

b. Abaelardus et Heloisa nuptias parabant _____ (id quod vix facere poterant).

c. Abaelardus et Heloisa de nuptiis celebrandis gaudebant _____ _____ (hoc condicionibus eiusmodi impedientibus difficile tamen fiebat).

d. Post vulnus horrendum sibi inflictum Abaelardus in vita perseverare est conatus _____ (dolor atque pudor tamen haud facile superabantur).

e. Abaelardus in lectiones diligentissime incumbebat _____
_____ _____(agebatur de lectionibus quae ei placebant).

21.4 Add the appropriate comparative conjunctions in the following sentences. Where necessary, change the tense and mood of verbs.

Examples:

_____*salutaveris,* _____*salutaberis.*

Ut salutaveris, ita salutaberis.

Docui illam puellam, _____*filia mea erat.*

Docui illam puellam, ut si (velut si; ac si; tamquam si) filia mea esset.

a. Heloisa suavior erat quam _____ Abaelardus ei resistit.

b. Heloisa Abaelardum _____ magistrum adhuc suspiciebat.

c. Heloisa de nuptiis celebrandis aliter _____ Abaelardus sentiebat. Nam putabat hoc matrimonium Abaelardo dedecori fore necnon timebat ne avunculus suus Abaelardum laederet.

d. Ex necessitudine amatoria tantum gaudii excepit Abaelardus, _____ doloris ex calamitatibus erat postea excepturus.

e. Heloisa vaticinabatur in matrimonio futuro maerorem fore non minorem _____ fuerat amor qui matrimonium praecesserat.

f. Post matrimonium celebratum avunculus Abaelardo vehementer suscensere perrexit, _____ Abaelardus neptim eius in matrimonium ducere numquam voluit.

g. Avunculus Heloisae cupiebat Abaelardo irridere, _____ Abaelardum sibi irrisisse putabat.

h. Erga homines qui eum puniverant Abaelardus ita egit, _____ ii erga eum, scilicet corpora eorum mutilanda curavit.

i. Lamentis et eiulatibus scholarium Abaelardus ita afficiebatur, _____ corpus eius iterum iterumque laedebatur.

j. Vitam suam Abaelardus secus ordinaverat, _____ Deus ipse praeceperat ideoque poena ei fuit danda.

k. Homines ab eunuchis abhorrere solebant, _____ immundi illi erant.

l. Perinde _____ voluit, Heloisa monasterium est ingressa.

m. Abaelardus paratus erat munus docendi relinquere potius _____ saecularium artium disciplinas reiciebat.

n. _____ peritissimus in docendo erat Abaelardus, ita plurimi ad eum alumni conveniebant atque ceterorum magistrorum invidiam excitabant.

o. _____ plures Abaelardus alumnos inescabat, eo magis ceteri magistri eum imperitiae scripturarum sacrarum accusabant.

Latin expressions for "all is well" and related ideas

Bene res habet.

Bene se res habet.

Bene habet.

Bene est.

Optime est.

Bene tibi habent principia.

Optimo in loco res est.

Quonam in statu res sunt tuae?

Latin restrictive expressions for "in my view at least" and related ideas

Mea quidem sententia.

Pro mea quidem sententia.

Ut ego quidem sentio.

Ut mea fert opinio.

Meo quidem animo.

Meo iudicio.

Ut mihi quidem videtur.

Ni fallor.

Si quid iudico.

Free composition

Write a short paragraphs in which at least one expression from each category is employed. This should be the beginning of the paragraph:

Rogavi amicum quid de meis rebus censeret. Nam ultimis temporibus sentiebam me variis de causis periclitari...

Latin proverb

> **In me haec cudetur faba** (Terence, *Eunuchus*, 381)

Literally, "that bean shall be pounded against me". The proverb is used to signify something done which will later have unpleasant repercussions for someone.

Free composition

Write a short paragraph exemplifying the use of this proverb. This should be the beginning of the paragraph:

Multa negotia undique me obsidebant. Decrevi igitur omnium negotiorum oblivisci et gaudiis me dare…

22

Oratio obliqua or indirect speech: main clauses
and subordinate clauses in indirect speech;
pronouns and adverbs in indirect speech

**Reading: Cicero, In Verrem, II, 4; Caesar,
De bello Gallico, VII, 20; Livy, Ab urbe condita, XXI, 30; Seneca, Epistulae, 53.**

(Allen and Greenough, 363-371; Bradley's
Arnold, 241-245; Minkova, 71-75)

22.1 **Read the following excerpt from Cicero's speeches against Verres. Cicero's
prosecution of this corrupt governor of Sicily (70 B. C.) helped make Cicero's
reputation as a leading orator.**

Cicero, In Verrem, II, 4

1. Venio nunc ad istius, quem ad modum ipse appellat,
studium, ut amici eius, morbum et insaniam, ut Siculi,
latrocinium; ego quo nomine appellem nescio; rem vobis
proponam, vos eam suo non nominis pondere penditote.
Genus ipsum prius cognoscite, iudices; deinde fortasse non
magno opere quaeretis quo id nomine appellandum putetis.
Nego in Sicilia tota, tam locupleti, tam vetere provincia,
tot oppidis, tot familiis tam copiosis, ullum argenteum vas,
ullum Corinthium aut Deliacum fuisse, ullam gemmam aut
margaritam, quicquam ex auro aut ebore factum, signum
ullum aeneum, marmoreum, eburneum, nego ullam picturam
neque in tabula neque in textili quin conquisierit, inspexerit,
quod placitum sit abstulerit.

2. Magnum videor dicere: attendite etiam quem ad modum dicam. Non enim verbi neque criminis augendi causa complector omnia: cum dico nihil istum eius modi rerum in tota provincia reliquisse, Latine me scitote, non accusatorie loqui. Etiam planius: nihil in aedibus cuiusquam, ne in hospitis quidem, nihil in locis communibus, ne in fanis quidem, nihil apud Siculum, nihil apud civem Romanum, denique nihil istum, quod ad oculos animumque acciderit, neque privati neque publici neque profani neque sacri tota in Sicilia reliquisse.

3. Unde igitur potius incipiam quam ab ea civitate quae tibi una in amore atque in deliciis fuit, aut ex quo potius numero quam ex ipsis laudatoribus tuis? Facilius enim perspicietur qualis apud eos fueris qui te oderunt, qui accusant, qui persequuntur, cum apud tuos Mamertinos inveniare improbissima ratione esse praedatus. C. Heius est Mamertinus—omnes hoc mihi qui Messanam accesserunt facile concedunt—omnibus rebus illa in civitate ornatissimus. Huius domus est vel optima Messanae, notissima quidem certe et nostris hominibus apertissima maximeque hospitalis. Ea domus ante istius adventum ornata sic fuit ut urbi quoque esset ornamento; nam ipsa Messana, quae situ moenibus portuque ornata sit, ab his rebus quibus iste delectatur sane vacua atque nuda est.

4. Erat apud Heium sacrarium magna cum dignitate in aedibus a maioribus traditum perantiquum, in quo signa pulcherrima quattuor summo artificio, summa nobilitate, quae non modo istum hominem ingeniosum et intellegentem, verum etiam quemvis nostrum, quos iste idiotas appellat, delectare possent, unum Cupidinis marmoreum Praxiteli; nimirum didici etiam, dum in istum inquiro, artificum nomina. Idem, opinor, artifex eiusdem modi Cupidinem fecit illum qui est Thespiis, propter quem Thespiae visuntur; nam alia visendi causa nulla est. Atque ille L. Mummius, cum Thespiadas, quae ad aedem Felicitatis sunt, ceteraque profana ex illo oppido signa tolleret, hunc marmoreum Cupidinem, quod erat consecratus, non attigit.

5. Verum ut ad illud sacrarium redeam, signum erat hoc quod dico Cupidinis e marmore, ex altera parte Hercules egregie factus ex aere. Is dicebatur esse Myronis, ut opinor, et certe. Item ante hos deos erant arulae, quae cuivis religionem sacrari significare possent. Erant aenea duo praeterea signa, non maxima verum eximia venustate, virginali habitu atque vestitu, quae manibus sublatis sacra

quaedam more Atheniensium virginum reposita in capitibus sustinebant; Canephoroe ipsae vocabantur; sed earum artificem—quem? quemnam? recte admones—Polyclitum esse dicebant. Messanam ut quisque nostrum venerat, haec visere solebat; omnibus haec ad visendum patebant cotidie; domus erat non domino magis ornamento quam civitati.

6. C. Claudius, cuius aedilitatem magnificentissimam scimus fuisse, usus est hoc Cupidine tam diu dum forum dis immortalibus populoque Romano habuit ornatum, et, cum hospes esset Heiorum, Mamertini autem populi patronus, ut illis benignis usus est ad commodandum, sic ipse diligens fuit ad reportandum. Nuper homines nobilis eius modi, iudices,— sed quid dico 'nuper'? immo vero modo ac plane paulo ante vidimus, qui forum et basilicas non spoliis provinciarum sed ornamentis amicorum, commodis hospitum non furtis nocentium ornarent; qui tamen signa atque ornamenta sua cuique reddebant, non ablata ex urbibus sociorum atque amicorum quadridui causa, per simulationem aedilitatis, domum deinde atque ad suas villas auferebant.

7. Haec omnia quae dixi signa, iudices, ab Heio e sacrario Verres abstulit; nullum, inquam, horum reliquit neque aliud ullum tamen praeter unum pervetus ligneum, Bonam Fortunam, ut opinor; eam iste habere domi suae noluit. Pro deum hominumque fidem! Quid hoc est? Quae haec causa est, quae ista impudentia? Quae dico signa, antequam abs te sublata sunt, Messanam cum imperio nemo venit quin viserit. Tot praetores, tot consules in Sicilia cum in pace tum etiam in bello fuerunt, tot homines cuiusque modi—non loquor de integris, innocentibus, religiosis—tot cupidi, tot improbi, tot audaces, quorum nemo sibi tam vehemens, tam potens, tam nobilis visus est qui ex illo sacrario quicquam poscere aut tollere aut attingere auderet: Verres quod ubique erit pulcherrimum auferet? Nihil habere cuiquam praeterea licebit? Tot domus locupletissimas istius domus una capiet? Idcirco nemo superiorum attigit ut hic tolleret? Ideo C. Claudius Pulcher rettulit ut C. Verres posset auferre? At non requirebat ille Cupido lenonis domum ac meretriciam disciplinam; facile illo sacrario patrio continebatur; Heio se a maioribus relictum esse sciebat in hereditate sacrorum, non quaerebat meretricis heredem.

8. Sed quid ego tam vehementer invehor? Verbo uno repellar. 'Emi,' inquit. Di immortales, praeclaram defensionem! Mercatorem in provinciam cum imperio ac securibus misimus,

omnia qui signa, tabulas pictas, omne argentum, aurum, ebur, gemmas coemeret, nihil cuiquam relinqueret! Haec enim mihi ad omnia defensio patefieri videtur, emisse. Primum, si id quod vis tibi ego concedam, ut emeris,—quoniam in toto hoc genere hac una defensione usurus es,—quaero cuius modi tu iudicia Romae putaris esse, si tibi hoc quemquam concessurum putasti, te in praetura atque imperio tot res tam pretiosas, omnis denique res quae alicuius preti fuerint, tota ex provincia coemisse?

9. Videte maiorum diligentiam, qui nihildum etiam istius modi suspicabantur, verum tamen ea quae parvis in rebus accidere poterant providebant. Neminem qui cum potestate aut legatione in provinciam esset profectus tam amentem fore putaverunt ut emeret argentum, dabatur enim de publico; ut vestem, praebebatur enim legibus; mancipium putarunt, quo et omnes utimur et non praebetur a populo: sanxerunt ne quis emeret nisi in demortui locum. Si qui Romae esset demortuus? Immo, si quis ibidem; non enim te instruere domum tuam voluerunt in provincia, sed illum usum provinciae supplere.

10. Quae fuit causa cur tam diligenter nos in provinciis ab emptionibus removerent? Haec, iudices, quod putabant ereptionem esse, non emptionem, cum venditori suo arbitratu vendere non liceret. In provinciis intellegebant, si is qui esset cum imperio ac potestate, quod apud quemque esset emere vellet, idque ei liceret, fore uti quod quisque vellet, sive esset venale sive non esset, quanti vellet auferret. Dicet aliquis: 'Noli isto modo agere cum Verre, noli eius facta ad antiquae religionis rationem exquirere; concede ut impune emerit, modo ut bona ratione emerit, nihil pro potestate, nihil ab invito, nihil per iniuriam.' Sic agam: si, quod venale habuit Heius, id quanti aestimabat tanti vendidit, desino quaerere cur emeris....

22.2 Change the entire foregoing passage into indirect speech as if depending on the following words: *Cicero dixit.*

22.3   Read the following passage from Caesar's *De bello Gallico*, in which the phenomenon called 'repraesentatio' is manifest.

Caesar, De bello Gallico, VII, 20

20. Vercingetorix, cum ad suos redisset, proditionis insimulatus... <tali modo respondit> : Quod castra movisset, factum inopia pabuli etiam ipsis hortantibus; quod propius Romanos accessisset, persuasum loci opportunitate, qui se ipsum munitione defenderet: equitum vero operam neque in loco palustri desiderari debuisse et illic fuisse utilem, quo sint profecti. Summam imperi se consulto nulli discedentem tradidisse, ne is multitudinis studio ad dimicandum impelleretur; cui rei propter animi mollitiem studere omnes videret, quod diutius laborem ferre non possent. Romani si casu intervenerint, fortunae, si alicuius indicio vocati, huic habendam gratiam, quod et paucitatem eorum ex loco superiore cognoscere et virtutem despicere potuerint, qui dimicare non ausi turpiter se in castra receperint. Imperium se ab Caesare per proditionem nullum desiderare, quod habere victoria posset, quae iam esset sibi atque omnibus Gallis explorata: quin etiam ipsis remittere, si sibi magis honorem tribuere, quam ab se salutem accipere videantur....

22.4   Carefully read the following passage from Livy. Here Hannibal is about to cross the Alps during the Second Punic War.

Liv. XXI, 30

30. Itaque Hannibal, postquam ipsi sententia stetit pergere ire atque Italiam petere, advocata contione varie militum versat animos castigando adhortandoque: mirari se quinam pectora semper impavida repens terror invaserit. Per tot annos vincentes eos stipendia facere neque ante Hispania excessisse quam omnes gentesque et terrae quas duo diversa maria amplectantur Carthaginiensium essent. Indignatos deinde quod quicumque Saguntum obsedissent velut ob noxam sibi dedi postularet populus Romanus, Hiberum traiecisse ad delendum nomen Romanorum liberandumque orbem terrarum. Tum nemini visum id longum, cum ab occasu solis ad exortus intenderent iter: nunc, postquam multo maiorem partem itineris emensam cernant, Pyrenaeum saltum inter ferocissimas gentes superatum, Rhodanum, tantum amnem, tot milibus Gallorum prohibentibus, domita etiam ipsius fluminis vi traiectum,

in conspectu Alpes habeant quarum alterum latus Italiae sit, in ipsis portis hostium fatigatos subsistere, quid Alpes aliud esse credentes quam montium altitudines? Fingerent altiores Pyrenaei iugis: nullas profecto terras caelum contingere nec inexsuperabiles humano generi esse. Alpes quidem habitari, coli, gignere atque alere animantes; pervias paucis esse, esse et exercitibus. Eos ipsos quos cernant legatos non pinnis sublime elatos Alpes transgressos. Ne maiores quidem eorum indigenas sed advenas Italiae cultores has ipsas Alpes ingentibus saepe agminibus cum liberis ac coniugibus migrantium modo tuto transmisisse. Militi quidem armato nihil secum praeter instrumenta belli portanti quid invium aut inexsuperabile esse? Saguntum ut caperetur, quid per octo menses periculi, quid laboris exhaustum esse? Romam, caput orbis terrarum, petentibus quicquam adeo asperum atque arduum videri quod inceptum moretur? Cepisse quondam Gallos ea quae adiri posse Poenus desperet; proinde aut cederent animo atque virtute genti per eos dies totiens ab se victae aut itineris finem sperent campum interiacentem Tiberi ac moenibus Romanis.

22.5   Change the above passage from Livy into direct speech.

22.6   The following passage from Seneca's letters should be changed into indirect speech, as if depending on a main verb in the present tense. One might imagine an introductory sentence as follows: " Seneca aliquid nobis de navigatione sua iam nunc narrat...."

Seneca, Epistulae, 53 (slightly adapted)

1. Quid non potest mihi persuaderi, cui persuasum est ut navigarem? Solvi mari languido; erat sine dubio caelum grave sordidis nubibus, quae fere aut in aquam aut in ventum resolvuntur; sed putavi paucissima milia Neapoli usque Puteolos subripi posse, quamvis dubio et impendente caelo. Itaque quo celerius evaderem, protinus per altum ad Nesida derexi praecisurus omnes sinus.

2. Cum iam eo processissem ut mea nihil interesset utrum irem an redirem, primum aequalitas illa, quae me illexerat et corruperat, periit; nondum erat tempestas, sed iam inclinatio maris ac subinde crebrior fluctus. Coepi rogare nautas ut me in aliquo litore exponerent: respondebat ille aspera esse

et importuosa nec quicquam se aeque in tempestate timere quam terram.

3. Peius autem vexabar quam ut de periculo cogitarem; nausea enim me segnis haec et sine exitu torquebat... Coegi igitur gubernatorem ut peteret litus....

Latin expressions relating to approval, praise, and the opposite

Non omnes probabunt istud consilium, culpabunt plurimi.

Nemo hoc mihi vitio verterit.

Dare crimini.

Tu tibi laudi ducis.

Gloriae tibi tribuis.

Honori putas fore.

At omnes dedecori dabunt, probro dabunt.

Atro calculo notabunt.

Laudibus ferre.

Ad coelum ferre.

Avaritiae singulos increpans.

Tibi malum imputabitur.

Male audies apud omnes (ab omnibus), qui hactenus audisti bene.

Vir pessimae notae.

Homo nullo numero.

Vir primae notae.

Free composition

Write a paragraph in which at least two of these expressions are employed. This should be the beginning of the paragraph:

Homines illi qui parentibus meis placent, mihi vehementer displicent et contra...

Latin proverb

Nostrae farinae (Persius, 5, 115)

Literally, "of our flour", and can be used to mean 'a person of our type' or 'of our persuasion'.

Free composition

Write a short paragraph exemplifying the use of this phrase. This should be the beginning of the paragraph:

Vir qui hunc magistratum ambit, quam maxime probandus mihi videtur...

23

Conditional sentences in indirect speech

Readings: Cornelius Nepos, Vita Attici, 1-5.
(Allen and Greenough, 371-374; Bradley's Arnold, 256-260; Minkova, 75-76)

23.1 **Carefully read the passage below from the biography of Atticus by Cornelius Nepos.**

A group of short biographies of famous Greeks and Romans by Nepos, a contemporary of Cicero, have come down to us. Nepos's style is simple and straightforward.

Cornelii Nepotis Vita Attici

1. T. Pomponius Atticus, ab origine ultima stirpis Romanae generatus, perpetuo a maioribus acceptam equestrem obtinuit dignitatem. Patre usus est diligente et, ut tum erant tempora, diti in primisque studioso litterarum. Hic, prout ipse amabat litteras, omnibus doctrinis, quibus puerilis aetas impertiri debet, filium erudivit. Erat autem in puero praeter docilitatem ingenii summa suavitas oris atque vocis, ut non solum celeriter acciperet, quae tradebantur, sed etiam excellenter pronuntiaret. Qua ex re in pueritia nobilis inter aequales ferebatur clariusque exsplendescebat, quam generosi condiscipuli animo aequo ferre possent. Itaque incitabat omnes studio suo. Quo in numero fuerunt L. Torquatus, C. Marius filius, M. Cicero; quos consuetudine sua sic devinxit, ut nemo his perpetuo fuerit carior.

2. Pater mature decessit. Ipse adulescentulus propter affinitatem P. Sulpicii, qui tribunus plebi interfectus est, non expers fuit illius periculi. Namque Anicia, Pomponii consobrina, nupserat Servio, fratri Sulpicii. Itaque interfecto Sulpicio, posteaquam vidit Cinnano tumultu civitatem esse perturbatam neque sibi dari facultatem pro dignitate vivendi, quin alterutram partem offenderet, dissociatis animis civium, cum alii Sullanis, alii Cinnanis faverent partibus, idoneum tempus ratus studiis obsequendi suis, Athenas se contulit. Neque eo setius adulescentem Marium hostem iudicatum iuvit opibus suis, cuius fugam pecunia sublevavit. Ac ne illa peregrinatio detrimentum aliquod afferret rei familiari, eodem magnam partem fortunarum traiecit suarum. Hic ita vixit, ut universis Atheniensibus merito esset carissimus. Nam praeter gratiam, quae iam in adulescentulo magna erat, saepe suis opibus inopiam eorum publicam levavit. Cum enim versuram facere publice necesse esset neque eius condicionem aequam haberent, semper se interposuit atque ita, ut neque usuram umquam ab iis acceperit neque longius, quam dictum esset, debere passus sit. Quod utrumque erat iis salutare. Nam neque indulgendo inveterascere eorum aes alienum patiebatur neque multiplicandis usuris crescere. Auxit hoc officium alia quoque liberalitate. Nam universos frumento donavit, ita ut singulis sex modii tritici darentur; qui modus mensurae medimnus Athenis appellatur.

3. Hic autem sic se gerebat, ut communis infimis, par principibus videretur. Quo factum est, ut huic omnes honores, quos possent, publice haberent civemque facere studerent; quo beneficio ille uti noluit, quod nonnulli ita interpretantur, amitti civitatem Romanam alia ascita. Quamdiu adfuit, ne qua sibi statua poneretur, restitit; absens prohibere non potuit. Itaque aliquot ipsi et Phidiae locis sanctissimis posuerunt: hunc enim in omni procuratione rei publicae actorem auctoremque habebant. Igitur primum illud munus fortunae, quod in ea potissimum urbe natus est, in qua domicilium orbis terrarum esset imperii, ut eandem et patriam haberet et domum; hoc specimen prudentiae, quod, cum in eam se civitatem contulisset, quae antiquitate, humanitate doctrinaque praestaret omnes,...unus ei fuerit carissimus.

23.2 The following conditional sentences should be rewritten so that they are in indirect speech depending on the words in parentheses that follow each sentence.

Example:

(separate phrases)

Cornelius Nepos, nisi Atticus a patre artibus liberalibus eruditus esset, vitam Attici numquam litteris mandavisset. (credimus)

(phrases joined)

Credimus Cornelium Nepotem, nisi Atticus a patre artibus liberalibus eruditus esset, vitam Attici numquam litteris mandaturum fuisse.

a. Si patres sunt diligentes, filiis erudiendis dant operam. (Nepos dixit)

b. Puer, si non solum ingenio docili sed etiam voce suavi praeditus erit, celeriter quidem accipiet, quae erunt tradita, traditaque pulchre pronuntiabit. (Pro certo habebamus)

c. Nisi Atticus condiscipulis generosis tot disciplinis praestitisset, alii iuvenes numquam eius exemplo tantopere essent incitati. (Asseverat Nepos)

d. Nisi Atticus inter Cinnanum tumultum se e re publica subtraxisset et in studia incubuisset, bellis civilibus vix superfuisset. (Nemo dubitare potest quin)

e. Si Athenienses inopia laborabant, Atticus liberalissimum se semper praebebat. (Fama postea erat)

f. Nisi Atticum Romae natum esse exploratum haberent omnes, Atheniensis esse videretur. (Nepos dixit)

g. Si umquam huiusmodi subsidiis postea vobis opus fuerit, frumentum ad vos iterum mittam. (Atticus Atheniensibus promisit)

h. Si civitatem Romanam perdere mihi necesse fuerit, ut civis Atheniensis fiam, hoc beneficium recusabo. (Atticus dixit)

i. Nisi Atticus vehementer restitisset, Athenienses ei in ipsa urbe mansitanti statuam posuissent. (Tantopere eum diligebant Athenienses ut)

23.3   **Carefully read the following passage, also from Nepos' 'Life of Atticus'.**

Cornelii Nepotis Vita Attici

4. Huc ex Asia Sulla decedens cum venisset, quamdiu ibi fuit, secum habuit Pomponium, captus adulescentis et humanitate et doctrina. Sic enim Graece loquebatur, ut Athenis natus videretur; tanta autem suavitas erat sermonis Latini, ut appareret in eo nativum quendam leporem esse, non ascitum. Item poemata pronuntiabat et Graece et Latine sic, ut supra nihil posset addi. Quibus rebus factum est ut Sulla nusquam eum ab se dimitteret cuperetque secum deducere. Qui cum persuadere temptaret, `Noli, oro te', inquit Pomponius

`adversum eos me velle ducere, cum quibus ne contra te arma ferrem, Italiam reliqui.' At Sulla adulescentis officio collaudato omnia munera ei, quae Athenis acceperat, proficiscens iussit deferri. Hic complures annos moratus, cum et rei familiari tantum operae daret, quantum non indiligens deberet pater familias, et omnia reliqua tempora aut litteris aut Atheniensium rei publicae tribueret, nihilo minus amicis urbana officia praestitit. Nam et ad comitia eorum ventitavit, et si qua res maior acta est, non defuit. Sicut Ciceroni in omnibus eius periculis singularem fidem praebuit; cui ex patria fugienti HS ducenta et quinquaginta milia donavit. Tranquillatis autem rebus Romanis remigravit Romam, ut opinor, L. Cotta et L. Torquato consulibus. Quem discedentem sic universa civitas Atheniensium prosecuta est, ut lacrimis desiderii futuri dolorem indicaret.

5. Habebat avunculum Q. Caecilium, equitem Romanum, familiarem L. Luculli, divitem, difficillima natura. Cuius sic asperitatem veritus est, ut, quem nemo ferre posset, huius sine offensione ad summam senectutem retinuerit benevolentiam. Quo facto tulit pietatis fructum. Caecilius enim moriens testamento adoptavit eum heredemque fecit ex dodrante; ex qua hereditate accepit circiter centies sestertium. Erat nupta soror Attici Q. Tullio Ciceroni, easque nuptias M. Cicero conciliarat, cum quo a condiscipulatu vivebat coniunctissime, multo etiam familiarius quam cum Quinto, ut iudicari possit plus in amicitia valere similitudinem morum quam affinitatem...

23.4 The following conditional sentences are incomplete. The words to be used to complete each sentence are supplied in parentheses. Mood and tense of verbs, endings of nouns/adjectives, etc. supplied in parentheses will have to be changed to accord with the syntax of the rest of the sentence. The order of the words supplied in parentheses may also be altered, but no words should be added or omitted.

a. Dic mihi, O Sulla, quomodo tu Pomponium Atticum (tractare), si eius et humanitate et doctrina non esses captus.

b. Etsi Attici doctrina et humanitas mihi haudquaquam innotuissent, puto (tractari me a urbane satis).

c. Estne ullum tibi dubium quin Atticum Athenis natum Graeceque vel in cunabulis vagivisse (credere), nisi eum (est homo Romanus) ante didicisses?

d. Nisi eum Latine loquentem (audire), (Atticus est Atheniensis) etiam nunc crederem.

e. Asseveravit Sulla fore ut Atticus, si inter cenam coram convivis carmina Graece Latineque cottidie (recitare), (affici magna praemia se a).

f. Rogavit Atticum Sulla num, si bonam mercedem acciperet, secum Romam (redire) an Athenis (manere).

g. "Est mihi exploratum," inquit Pomponius, " si Italiam tecum (peto), fore ut (me bello) plusquam (civili specto cogi)."

h. "Spero," inquit Atticus, " si Athenis (mansero), consilia mea Atheniensibus (probabuntur)."

i. Opinamur Atticum, si aperte (recusavit) ne Sullam in Italiam (comitari), recte (fecit).

j. Nepos dixit (Atticus) et ad comitia eorum (ventitavit) et, si (quam rem maiorem actam esse), non (defuit).

k. Tanta apud Athenienses gratia pollebat Atticus, ut, etsi ille Italiam maturius (repetere), omnibus eum honoribus (cumulant).

l. Pro certo scimus (Q. Caecilius, eques Romanus) et Attici (avunculus), si natura mitiore fuisset, multos alios amicos (habere).

Latin expressions relating to setting out, departure and related ideas

Rus hinc abeo.

Rus hinc concedo.

Discedo, abscedo, decedo.

Galliam repeto, inde Britanniam aditurus.

In Italiam iter instituit.

Tum Neapolim cogitabam.

Apparas iter.

Adornas profectionem.

Componis sarcinas.

Ingressus est viam.

Quo paras proficisci?

Quo tendis?

Quo tenetis iter? Quonam iter est?

Rus me confero.

Domum me recipio.

Latin expressions expressing care, effort, and related ideas

Da operam ut convalescas.

Cura ut revalescas.

Enitere ut cum parentibus in gratiam redeas.

Adnitere totis nervis ut in virum tuo genere dignum evadas.

Illud totis viribus agito ut parentum expectationi facias satis.

Pro parte virili conatus sum, pro viribus.

Hoc unum stude ut te in regis benevolentiam insinues.

Litteris incumbas.

In haec studia incumbite.

Ad id eluctare.

Ad hoc invigila.

Eo velis equisque contendit.

Huc remis velisque festinat.

In ea re vehementer est sudatum.

Summo nixu.

Summa vi.

Free composition

Write two brief paragraphs in which at least three of the expressions in each category are employed. These should be the beginnings of the paragraphs:

Pater mihi suasit ut illam academiam praeclaram peterem, quippe ubi medicina in primis coleretur. Recusare nolebam, quamquam litterae magis mihi arridebant quam artes aliae...

Propinquos meos mea studia vix probaturos intellexi, nisi summa cum laude omnia perfecissem...

Latin proverb

Ad calcem pervenire (Cicero, *De amicitia*, 101)

Literally, 'to arrive at the chalk'. It denotes the finish-line drawn with lime or chalk in the stadium or circus. The phrase is used proverbially to denote reaching the end of any endeavor or project.

Free composition

Write a short paragraph exemplifying the use of this phrase. This should be the beginning of the paragraph:

Licebitne mihi umquam quiescere? Laborem quidem arceo, sed timeo semper torporem. "Etiam seni," inquit Seneca, "est discendum."...

24

Order of clauses

Reading: Cicero, Pro Archia poeta, 1-10.
(Allen and Greenough, 388-389; Bradley's Arnold, 20-22; Minkova, 112-14)

24.1 Carefully read the text below.

Marcus Tullius Cicero (106 B.C. – 43 B.C.), the creator of the Latin classical prose, is best known with his speeches, where Cicero's Latin seems to achieve the perfection of periodic style. In *Pro Archia poeta* Cicero defends the poet Archias from Antioch, whose Roman citizenship is attacked under *lex Papia* (65 B.C.) because his name was missing from the censors' lists. The speech is not so much about legal technicalities, as about the importance of literature and culture. Cicero's point is that the poet in any case would deserve to be a Roman citizen because of the contribution of his literary work.

Cicero Pro Archia poeta, 1-10

1. Si quid est in me ingeni, iudices, quod sentio quam sit exiguum, aut si qua exercitatio dicendi, in qua me non infitior mediocriter esse versatum, aut si huiusce rei ratio aliqua ab optimarum artium studiis ac disciplina profecta, a qua ego nullum confiteor aetatis meae tempus abhorruisse, earum rerum omnium vel in primis hic A. Licinius fructum a me repetere prope suo iure debet. Nam quoad longissime potest mens mea respicere spatium praeteriti temporis, et pueritiae memoriam recordari ultimam, inde usque repetens hunc video mihi principem et ad suscipiendam et ad ingrediendam rationem horum studiorum exstitisse. Quod si haec vox, huius hortatu praeceptisque conformata, non nullis

163

aliquando saluti fuit, a quo id accepimus quo ceteris opitulari et alios servare possemus, huic profecto ipsi, quantum est situm in nobis, et opem et salutem ferre debemus.

2. Ac ne quis a nobis hoc ita dici forte miretur, quod alia quaedam in hoc facultas sit ingeni, neque haec dicendi ratio aut disciplina, ne nos quidem huic uni studio penitus umquam dediti fuimus. Etenim omnes artes, quae ad humanitatem pertinent, habent quoddam commune vinculum, et quasi cognatione quadam inter se continentur.

3. Sed ne cui vestrum mirum esse videatur me in quaestione legitima et in iudicio publico – cum res agatur apud praetorem populi Romani, lectissimum virum, et apud severissimos iudices, tanto conventu hominum ac frequentia – hoc uti genere dicendi, quod non modo a consuetudine iudiciorum, verum etiam a forensi sermone abhorreat; quaeso a vobis, ut in hac causa mihi detis hanc veniam, adcommodatam huic reo, vobis (quem ad modum spero) non molestam, ut me pro summo poeta atque eruditissimo homine dicentem, hoc concursu hominum literatissimorum, hac vestra humanitate, hoc denique praetore exercente iudicium, patiamini de studiis humanitatis ac litterarum paulo loqui liberius, et in eius modi persona, quae propter otium ac studium minime in iudiciis periculisque tractata est, uti prope novo quodam et inusitato genere dicendi.

4. Quod si mihi a vobis tribui concedique sentiam, perficiam profecto ut hunc A. Licinium non modo non segregandum, cum sit civis, a numero civium, verum etiam si non esset, putetis asciscendum fuisse. Nam ut primum ex pueris excessit Archias, atque ab eis artibus quibus aetas puerilis ad humanitatem informari solet se ad scribendi studium contulit, primum Antiochiae – nam ibi natus est loco nobili – celebri quondam urbe et copiosa, atque eruditissimis hominibus liberalissimisque studiis adfluenti, celeriter antecellere omnibus ingeni gloria contigit. Post in ceteris Asiae partibus cunctaeque Graeciae sic eius adventus celebrabantur, ut famam ingeni exspectatio hominis, exspectationem ipsius adventus admiratioque superaret.

5. Erat Italia tunc plena Graecarum artium ac disciplinarum, studiaque haec et in Latio vehementius tum colebantur quam nunc eisdem in oppidis, et hic Romae propter tranquillitatem rei publicae non neglegebantur. Itaque hunc et Tarentini et Regini et Neopolitani civitate ceterisque praemiis

donarunt; et omnes, qui aliquid de ingeniis poterant iudicare, cognitione atque hospitio dignum existimarunt. Hac tanta celebritate famae cum esset iam absentibus notus, Romam venit Mario consule et Catulo. Nactus est primum consules eos, quorum alter res ad scribendum maximas, alter cum res gestas tum etiam studium atque auris adhibere posset. Statim Luculli, cum praetextatus etiam tum Archias esset, eum domum suam receperunt. Sic etiam hoc non solum ingeni ac litterarum, verum etiam naturae atque virtutis, ut domus, quae huius adulescentiae prima fuit, eadem esset familiarissima senectuti.

6. Erat temporibus illis iucundus Metello illi Numidico et eius Pio filio; audiebatur a M. Aemilio; vivebat cum Q. Catulo et patre et filio; a L. Crasso colebatur; Lucullos vero et Drusum et Octavios et Catonem et totam Hortensiorum domum devinctam consuetudine cum teneret, adficiebatur summo honore, quod eum non solum colebant qui aliquid percipere atque audire studebant, verum etiam si qui forte simulabant. Interim satis longo intervallo, cum esset cum M. Lucullo in Siciliam profectus, et cum ex ea provincia cum eodem Lucullo decederet, venit Heracliam: quae cum esset civitas aequissimo iure ac foedere, ascribi se in eam civitatem voluit; idque, cum ipse per se dignus putaretur, tum auctoritate et gratia Luculli ab Heracliensibus impetravit.

7. Data est civitas Silvani lege et Carbonis: "Si qui foederatis civitatibus ascripti fuissent; si tum, cum lex ferebatur, in Italia domicilium habuissent; et si sexaginta diebus apud praetorem essent professi." Cum hic domicilium Romae multos iam annos haberet, professus est apud praetorem Q. Metellum familiarissimum suum.

8. Si nihil aliud nisi de civitate ac lege dicimus, nihil dico amplius: causa dicta est. Quid enim horum infirmari, Grati, potest? Heracliaene esse tum ascriptum negabis? Adest vir summa auctoritate et religione et fide, M. Lucullus, qui se non opinari sed scire non audisse sed vidisse, non interfuisse sed egisse dicit. Adsunt Heraclienses legati, nobilissimi homines: huius iudici causa cum mandatis et cum publico testimonio venerunt; qui hunc ascriptum Heracliensem dicunt. His tu tabulas desideras Heracliensium publicas: quas Italico bello incenso tabulario interisse scimus omnis. Est ridiculum ad ea quae habemus nihil dicere, quaerere quae habere non possumus; et de hominum memoria tacere, litterarum memoriam flagitare; et, cum habeas amplissimi

viri religionem, integerrimi municipi ius iurandum fidemque, ea quae depravari nullo modo possunt repudiare, tabulas, quas idem dicis solere corrumpi, desiderare.

9. An domicilium Romae non habuit is, qui tot annis ante civitatem datam sedem omnium rerum ac fortunarum suarum Romae conlocavit? At non est professus. Immo vero eis tabulis professus, quae solae ex illa professione conlegioque praetorum obtinent publicarum tabularum auctoritatem. Nam – cum Appi tabulae neglegentius adservatae dicerentur; Gabini, quam diu incolumis fuit, levitas, post damnationem calamitas omnem tabularum fidem resignasset – Metellus, homo sanctissimus modestissimusque omnium, tanta diligentia fuit, ut ad L. Lentulum praetorem et ad iudices venerit, et unius nominis litura se commotum esse dixerit. In his igitur tabulis nullam lituram in nomine A. Licini videtis.

10. Quae cum ita sunt, quid est quod de eius civitate dubitetis, praesertim cum aliis quoque in civitatibus fuerit ascriptus? Etenim cum mediocribus multis et aut nulla aut humili aliqua arte praeditis gratuito civitatem in Graecia homines impertiebant, Reginos credo aut Locrensis aut Neapolitanos aut Tarentinos, quod scenicis artificibus largiri solebant, id huic summa ingeni praedito gloria noluisse! Quid? Cum ceteri non modo post civitatem datam, sed etiam post legem Papiam aliquo modo in eorum municipiorum tabulas inrepserunt, hic, qui ne utitur quidem illis in quibus est scriptus, quod semper se Heracliensem esse voluit, reicietur?

24.2 **Some general observations about the position of the clauses in the sentence.**

The accusative and infinitive usually follows the main clause, unless it is emphasized.

The indirect question usually follows the main clause, unless it is emphasized.

Clauses with objective *ut* usually follow the main clause, unless they are emphasized.

Clauses with explicative *ut* usually follow the main clause, unless they are emphasized.

Clauses with explicative *quod* usually follow the main clause, unless they are emphasized.

Clauses after verbs of fearing usually follow the main clause, unless they are emphasized.

Clauses after verbs of preventing and refusing usually follow the main clause, unless they are emphasized.

Clauses after *non dubito quin* and similar phrases usually follow the main clause, unless they are emphasized.

Relative clauses usually follow the main clause, unless they are emphasized.

Temporal clauses usually precede the main clause, because they describe the circumstances of the action of the main clause. Clauses with inverse *cum*, however, follow the main clause, because they interrupt the action in the main clause.

Causal clauses usually follow the main clause, unless they are emphasized. Clauses with causal *cum* usually precede the main clause, because they indicate the motive for the action in the main clause.

Concessive clauses usually precede the main clause, unless they are emphasized.

Final (purpose) clauses usually follow the main clause, unless they are emphasized.

Conditional clauses usually precede the action in the main clause, because they describe a condition relating to the action in the main clause. If the apodosis is emphasized, the conditional clause (which is usually a protasis) may follow it.

Consecutive (result) clauses follow the main clause, because they contain the result of the action in the main clause.

Comparative clauses usually follow the main clause, unless they are emphasized.

Adversative clauses usually follow the main clause, unless they are emphasized.

Restrictive clauses usually follow the main clause, unless they are emphasized.

24.3　**Here follow some separate clauses that are either main or subordinate. If a clause is subordinate, the type of clause is indicated in parentheses. Every subordinate clause has to be linked to the main clause in two ways: first, without any emphasis; then, with an emphasis on the subordinate clause. When connecting the clauses, some words in the subordinate clause will have to be changed. In some cases there will be more than one subordinate clause with the main clause.**

a. Cicero putat…(accusative and infinitive) Ingenium mihi est exiguum.

b. Cicero non infitiatur…(accusative and infinitive) In exercitatione dicendi mediocriter sum versatus.

c. Cicero confitetur…(accusative and infinitive) Studia atque disciplinam optimarum artium semper amavi.

d. Cicero Archiam poetam defendere volebat…(causal clause) Archias Ciceroni ad studia suscipienda fuit incitamento.

e. Cicero alios ipsumque Archiam ita adiuvare cupiebat…(comparative clause) Archias Ciceronem adiuvit.

f. Cicero et Archias uni studio dedebantur…(concessive clause) Alter poemata scribebat, alter orationes.(causal clause) Omnia studia ad humanitatem pertinentia vinculo quodam coniunguntur.

g. Cicero ab iudicibus petit…(clause with objective *ut*) Sinite me de studiis humanitatis liberrime loqui.

h. Cicero iudices rogat…(indirect question) Tolerabitisne genus dicendi insolitum?

i. Nullum dubium est…(clause with *quin*) Archias est civis Romanus.

j. Archias in numerum civium asciscendus esset…(past counterfactual conditional clause) Archias non est civis.

k. Archias ab omnibus in Asia viventibus invitabatur…(clause with causal and temporal *cum*) Archias magna fama pollebat.

l. Tam vehementer Graecae artes et disciplinae in Italia colebantur…(result clause) Nomen Archias Romae quoque innotuit.

m. Archias in familiaritatem hominum magni nominis intravit…(temporal clause) Archias Romam advenit.

n. Non multo postea factum est…(clause with explicative *ut*) Archias in numerum civium Heracliensium se ascripsit.

o. Cicero ex legibus verba adducit…(final clause) Cicero velit ostendere Archiam rite esse civem Romanum.

p. Haec oratio habita est pro Archia poeta…(relative clause) Archias a quibusdam civis Romanus non habebatur.

q. Cicero documentis deletis impediri non poterat…(clause with a verb of preventing) Cicero demonstraturus erat Archiam esse civem Romanum.

r. Multi erant ….(relative result clause, i.e., relative clause of characteristic) Ii dicere poterant Archiam civitatem Romanam esse professum.

s. Archias ipse timebat…(clause with a verb of fearing) Poterat e limitibus Romanis eici.

t. Bene evenit….(clause with explicative *quod*) Cicero amplissimos atque integerrimos viros testes habebat.

u. Memoriam litterarum quidam efflagitant…(adversative clause) Iidem de memoria hominum nihil scire volunt.

v. Qua de causa reiciatur civis legitimus?….(conditional clause) Permulti in tabulas civium modo illegitimo irrepserunt.(restrictive clause) Hoc notum est.

24.4 **Use the following elements to compose a text in which there will be sentences with main and subordinate clauses.**

anno 93 a.Ch. n. Archias Siciliam visitavit una cum Lucullo

Archias propter carmina sua tota Graecia celebrabatur

atque asseveravit

Cicero amplissime de studiis humanitatis est locutus

cuius in familiaritatem iam in Urbe venerat

cum post aliquot annos quidam Gracchus Archiam accusasset asseverans

eum Cicero alacrime defendit

ibique factum est

in itinere Archias Heracleiae constitit

ius civitatis Romanae Archiae donandum fuisse

qua in causa Cicero palmam reportavit

quamquam maxima defensionis pars in ipsis legibus adducendis consistebat

qui Antiochiae anno 102 a. Ch. n. natus est

quippe qui Archiam semper admiraretur

quo Cicero inter adulescentes connumerabatur

eum non veri nominis civem Romanum esse

si antea inter cives iam non esset inscriptus

tandem Romam venit eo tempore

ut in numerum civium illius civitatis confoederatae sit inscriptus

Latin expressions for "let it be"

Fac ita esse.

Ut donemus ita esse.

Ut hoc interim tibi concedamus.

Ut hoc interim tibi largiar.

Esto sane.

Sit ita sane.

Free composition

Write a brief paragraph in which at least two of the above expressions are employed. This should be the beginning of the paragraph:

Vita difficilis maeroribusque plena esse nonnumquam videtur. Homo tamen patiens et fortis se ipsum felicem facere dicitur...

Latin proverb

Equis albis praecedere (Horace, *Satires*, 1, 7, 8)

Literally, to lead the way on white horses. The proverb is used for people who are by far superior in something.

Free composition

Write a short composition exemplifying the use of this proverb. This should be the beginning of the paragraph:

Omnibus aliis Caesar scientia militari et civili, Cicero arte oratoria praestare dicebatur. Uterque autem praestantiae suae poenas luens mortem occubuit...

25

Variation

Reading: Erasmus of Rotterdam, De copia, "Tuae litterae me magnopere delectarunt".

Erasmus of Rotterdam (1466-1536) left a monumental Latin heritage of theological, moral, pedagogical and philological works. The volumes entitled *De copia* contain an immense quantity of synonyms.

In the text below, Erasmus reworks in many different ways the single sentence: *Tuae litterae me magnopere delectarunt.*

> Tuae me litterae magnopere delectarunt; delectarunt mirum in modum tuae me litterae; maiorem in modum me tuae delectarunt litterae.
>
> Tuis litteris sum magnopere delectatus; delectatus sum maiorem in modum tuis litteris.
>
> Epistula tua me vehementer exhilaravit; tua quidem epistula sum vehementer exhilaratus; tuae litterulae non mediocriter animum meum refecerunt; humanitatis tuae scriptis sum non mediocriter animo refectus; ex amantissimis litteris tuis incredibilem cepi voluptatem.
>
> Amantissimae tuae litterae incredibilem mihi voluptatem attulerunt; novam quandam laetitiam tuae schedae mihi pepererunt; tuis ex schedis mirificam laetitiam concepi; summum gaudium tua scripta mihi apportarunt; tuis e

scriptis summum mihi gaudium allatum est; ex excellentiae tuae litteris magnam hausimus voluptatem.

Ex Fausti mei litteris plurimum hausi voluptatis.

Tuis e scriptis haud vulgaris mihi voluptas accessit.

Epistula tua sum unice delectatus.

Ex Faustinis litteris mirificum quoddam oblectamentum percepi.

Tuae litterae sane quam delectarunt animum meum.

Ineffabili gaudio tuae me schedae perfuderunt.

Tuis ex litteris nova quadam delectatione sum perfusus.

Incredibili laetitia tua me scripta delibutum reddiderunt.

Haud parum delectamenti tua mihi conciliavit epistula.

Legendis tuis litteris oppido quam sum delectatus.

Lectio tuarum litterarum singulari voluptate delinivit mentem meam.

Admodum delectabilis mihi tua fuit epistula.

Eximia quadam laetitia tuae me litterae affecerunt.

Tuis ex litteris singulari sum affectus laetitia.

Maximae voluptati mihi tua fuit epistula.

Summo oblectamento mihi tua scripta fuerunt.

Incredibili gaudio mihi tua fuit epistula.

Nimis quam iucunda nobis tua fuit epistula.

Vix credas quantopere in tuis scriptis acquiescam.

Summae iucunditati nobis tua fuit epistula.

Suavissimae mihi tuae fuerunt litterae.

Tuis ex litteris singularis mihi profecta est laetitia.

Tuae litterae fecerunt, ut prorsus exilirem gaudio.

Tuis acceptis litteris laetitia gestiebam.

Ubi mihi tuae sunt redditae litterae, laetitia sum expletus.

Lectis tuis amantissimis litteris, nova quadam laetitia correptus sum.

Acceptis litteris tuis, incredibilis voluptas cepit animum meum.

Inusitata laetitia me tua demulsit epistula.

Quod ad me scripseris, id mihi tam iucundum fuit quam quod iucundissimum.

Quod ad me tuas dederis litteras, id vehementer fuit gratum.

Quod ad me tuis dignatus es litteris, eo nihil mihi potuit accidere gratius.

Tuae me litterulae oppido gaudibundum effecerunt.

Tuis litteris oppido quam laetabundus sum effectus.

Quod me tuis litteris certiorem reddidisti, fuit mihi non gratum modo verum etiam iucundum.

Cum tua ad me perferretur epistula, vidisses me gaudii magnitudine gestientem.

Quod me saltem epistula salutaris, id profecto volupe fuit.

Litteris tuis nihil adferri potuit optatius.

Epistula tua ad me venit vehementer expectata.

Litteris tuis nihil adferri potuit desideratius.

Non possunt non esse iucundissimae Erasmo Faustinae litterae.

Non iniucunda mihi tua fuit epistula.

Neutiquam insuaves mihi tuae venerunt litterae.

Haudquaquam ingrata mihi tua scripta acciderunt.

Tam mihi dulcis tua fuit epistula, quam ea quae sunt dulcissima.

Litteras tuas multa cum voluptate legi.

Epistulam tuam non sine summa voluptate recepi.

Qui mihi tuas reddidit litteras, is mihi gaudiorum cumulum detulit.

Dictu mirum quam me tua ceperit epistula.

Schedae quas abs te missas accepi nova quadam gaudiorum luce pectus meum serenarunt.

Litterae tuae quicquid in animo maeroris erat, id omne protinus excusserunt.

Miram animo persensi voluptatem, cum tua nobis redderetur epistula.

Tuis ex litteris voluptas insolita animo incesssit meo.

Tuae litterae fuerunt in causa ut affatim gauderem.

Tuis litteris effectum est, ut totus exultarim gaudio.

Dici vix queat quantum mihi laetitiae tuis ex litteris obortum sit.

Vix possim sermone consequi, quantum gaudiorum ex tua mihi natum est epistula.

Dictu mirum est, quantum voluptatum nobis ex tuis affulserit litteris.

Deum immortalem, quam ingens gaudium nobis e tua provenit epistula!

Papae, quantas laetitiae causas nobis tuae litterae suppeditarunt!

Di boni, quantam vim gaudiorum tua mihi scripta subministrarunt!

Maiorem laetitiam tuae mihi tabellae attulerunt, quam ut explicare possim.

Plurimum voluptatis nobis tuus tabellarius adportavit.

Vix credas quantum acervum laetitiae litterae tuae in animum invexerint meum.

Verbis eloqui nequeam quantis gaudiis me tua onerarit epistula.

Tuae me litterae gaudiis onustum reddidere.

Tuis litteris valde sum gavisus.

Tuis litteris unice sum laetatus.

Tua scripta nobis uberrimam laetitiae copiam offuderunt.

Laetissima mihi tua fuit epistula.

Tuis litteris factum est ut prorsus frontem exporrexerim.

Visis tuis litteris protinus animi mei frontem explicui.

Inter legendum ea quae ad me scripsisti, mira quaedam voluptas animo obrepsit meo.

Simul atque tuas inspexissem litteras, nova quaedam gaudiorum vis mentem occupavit meam.

Inspectis tuis litteris, incredibilis quidam aestus laetitiae pectus subiit meum.

Acceptis humanissimis litteris tuis immensa quaedam laetitia me totum obsedit.

Emoriar, si quicquam umquam accidit iucundius tuis litteris.

Dispeream, si quid in vita suavius obtigit tuis litteris.

Ita me Musae bene ament, ut nihil antehac accidit tuis litteris gratius.

Cave credas rem ullam obiici a fortuna posse iucundiorem quam tuae sunt litterae.

Quam ipse carus es animo meo, tam me iuvant tuae litterae.

Papae, quantum gaudiorum tua mihi excitavit epistula!

Quantum risus, quantum plausus, quantum tripudiorum tuae nobis attulerunt litterae!

Elegentissimas tuas litteras legens insolita quadam laetitia tangebar.

Calamus tuus me gaudiis exsaturavit.

Multam voluptatem tua mihi praebuit epistula.

Totum me gaudiis imbuit tua tam elegans epistula.

Omnes pectoris mei sinus voluptate refersit tua tam amabilis epistula.

Rara quadam voluptate me tuae resperserunt litterae.

Tua quidem epistula novam quandam animo meo voluptatem aspersit.

Tuis litteris nulla res unquam accidit mihi festivior.

Nihil umquam vidi tuis litteris lubentius.

Haud est quicquam quod gaudentiore acceperim animo quam proximas Fausti mei litteras.

Quo me credis affluxisse gaudi, cum tuum nomen tuis in litteris agnoscerem?

Cum tabellarius tuam mihi traderet epistulam, statim animus mihi laetitia ineffabili prurire coepit.

Quid ego tibi nunc referam, quae voluptas acceptis tuis litteris animum Erasmi tui titillarit?

Animus gaudio velut exundabat, cum tua mihi redderetur epistula.

Ut lubens tuam accepi epistulam!

Posteaquam epistulium tuum ad me delatum est, animus nimirum mihi gaudio efferbuit.

Vix eram apud me prae gaudio, cum tuas acciperem litteras.

Litterarum tuarum lepos praecipua quadam voluptate remoratus es animum meum.

Non possum non vehementer gaudere, quoties tua scripta ad nos advolant.

Mel merum mihi tuae fuerunt litterae.

Quicquid litterarum abs te proficiscitur, id mihi saccharo et melle fluere videtur.

Opiparis litterarum tuarum epulis sum lautissime refectus.

Tua scripta sunt mihi quavis ambrosia suaviora.

Schedulae mei Fausti mihi fuere vel mensis Siculis lautiores.

Nulla voluptas, nullae sunt deliciae, quas cum tuis litteris conferre velim.

Nausea sunt omnia prae tuis litteris.

Inter legendum amantissimas litteras tuas Erasmi pectus gaudio subsultabat.

Chartae digitis tuis exaratae me, quantus eram, gaudiis explerunt.

Merae deliciae cordi meo sunt, quicquid scriptorum abs te redditur.

Nil nisi gaudium tua spirat epistula.

Festum diem attulit is qui tuas attulit litteras.

Triumphum adduxit qui tuum adduxit epistulium.

Nullum ego nectar tuis scriptis anteposuerim.

An ego ullum mel Atticum cum tuis amantissimis litteris contulerim?

Saccharum non est saccharum, si cum tuis litteris componatur.

Nulli mortalium tam sapit lotus, quam mihi litterae tuae sapiunt.

Quod sitienti vinum, hoc mihi tuae sunt litterae.

Quod apibus cytisum, quod salignae frondes capellis, quod urso mel, hoc mihi tuae sunt litterae.

Epistula tuae celsitudinis mihi fuit quovis melle mellitior.

Ubi recepissem tantopere expectatas tuas litteras, dixisses Erasmum plane gaudiis ebrium.

Ut redditae sunt abs te litterae, statim vidisses nos nimia quadam laetitia quasi temulentos.

Quam unice te diligo, tam unice tuis epistulis delector.

Nil nisi merum delicium tua mihi scripta videntur.

Non tam palato blandiuntur ullae cupediae, quam animum meum tuae litterae deleniunt.

Nullae lautitiae suavius titillant palatum quam tua scripta mentem titillant.

Free composition

Try to express in as many ways as you can each of the following sentences:

a. Semper dum vivam, tui meminero.
b. Ex nulla re magis oblectamenti capio quam ex studiis litterarum.
c. Capacem imperii omnes eum putavissent, nisi imperasset.
d. Si te non video, lumen vitae meae deest.

Latin expressions

Res est in cardine (Statius, *Thebais*, 10, 853)

Literally, 'the thing is in the hinge' (on which everything else turns or depends). The proverb indicates a critical and decisive moment.

Free composition

Write a short composition exemplifying the use of this proverb. This should be the beginning of the paragraph:

Iam diu ex utraque parte ancipite Marte erat pugnatum. Repente nuntius est allatus...

Appendix

The Conventions of Latin Writing in the Post-Medieval World

For about one thousand three hundred years after the demise of the Roman empire in Europe, Latin remained the universal language of the West and Latin literature flourished. Even since the eighteenth century, Latin continued to be employed in some circles, and has in fact not died out even in our time: a certain number of Latinists still regularly write and speak in Latin. Since the beginning of the medieval period, however, Latin was the native language of no ethnic group, and virtually no one learned it as a first language. Although educated people spoke Latin and wrote in it, the norms of the language and its sources were always to be found in written texts.

Because of this, Latin changed much less than the developing vernacular languages of Europe, even though new words were added to the Latin vocabulary, and the language was constantly adapted to thoughts and entities unknown to the ancient Romans. However, in the very late middle ages, in the fourteenth and fifteenth centuries, Latin in the hands of certain academic dialecticians and theologians developed into a highly technical jargon than came near to losing the inherent properties of traditional latinity. This danger was perceived by the humanists of the early Renaissance, a new cultural movement that was taking hold in Italy at the very same time. These humanists, both as a reaction against late medieval scholastic Latin, and for other reasons (not least among which was the general admiration for classical antiquity that was characteristic of Italian humanism), strove to recall Latin to the norms of usage observable in Roman authors who flourished in the late republic and early empire.[7] This 'humanistic' Latin gradually prevailed throughout Europe, and became the standard of good Latin usage.[8]

Some humanists argued that Cicero represented the summit of Latin eloquence, a view that seems to have had special prevalence in Italy. These Latinists often wanted to restrict modern Latin to the grammar, and even sometimes the vocabulary, of Cicero and his contemporaries. However, most Latin authors who wrote during the Renaissance and later centuries, while recognizing the usage of Cicero and Caesar as exemplary, also made free use of the vocabulary, and sometimes the expressions, of the entire ancient

---

7   According to Lorenzo Valla, one of the principal early humanists, the period of the Latin usage that was most exemplary was the time span between Cicero and Quintilian, in other words, the period that later philologists would call the 'golden' and 'silver' ages.

8   See J. Ijsewijn, *Companion to Neo-Latin Studies*, vol. I (Leuven, 1990), pp. 41- 43.

Latin tradition, including that of Christian writers.[9] When it was necessary to treat subjects unknown to the ancient world, most Neo-Latin writers did not hestitate to use medieval Latin words, or to coin new Latin words. The grammar of these authors is simple, clear, and usually deviates very little from the latinity of the late Roman republic or the early empire, but their flexible approach to vocabulary enabled Latin to be a stable, yet continuously adaptable medium for describing new environments and expressing scientific developments. With the exception of those few who took imitation to extremes, such as the 'Ciceronians' or the 'Apuleians', a sort of consensus existed among those who expressed themselves in Latin. The typical grammatical norms, being based largely on the usages of golden and silver Latin, were relatively easy to learn and recognize. For this and other reasons, the common use of Latin as an international language, especially in the learned world, persisted for a very long time, despite the ever-increasing influence of the various national languages as the nations of Europe developed. For example, it was not until the seventeenth century that the national languages began to rival Latin as media considered appropriate for academic disciplines and sciences.[10]

This post-medieval tradition of Latin expression still offers a viable model for those who would write and speak Latin today. One who writes in accord with the canons of this tradition will strive to preserve the properties of classical Latin in syntax and grammar, but will admit later or new vocabulary where appropriate, and accept certain conventions dictated by the necessity of speaking intelligibly about contemporary reality. Unless we are prepared to do this, expression in Latin must inevitably be reduced to nothing more than a sort of academic game, that is totally restricted to the school-room, where students attempting to put thoughts into Latin must avoid any subject peculiar to our times and pretend they are ancient Romans reborn. In our view, such an approach not only would reduce Latin to something truly dead, it would take no account at all of a large part of Latin's tradition. We do not deny that exercises in speaking and writing in Latin are useful in the classroom – in fact, we advocate a pedagogy based more heavily on such activities than is now typical – but we believe that communication in Latin, even in our day, can extend somewhat beyond such narrow limits. There are still conferences, seminars and gatherings for Latinists, where Latin is the primary or only language used. Latin, for example, still offers a fruitful and convenient medium for communication, whether by letter or in conversation, with Latinists from other regions, whose native languages are other than our own.

Had it not always been possible to adopt new words into Latin, the use of the Latin language would have died out entirely along with the Romans. Indeed Cicero himself, who added many terms to the Latin philosophical and academic vocabulary, perhaps provided the primary example and argument for enriching Latin language with new words.[11] But

---

9 See T. O. Tunberg, "Ciceronian Latin: Longolius and Others," *Humanistica Lovaniensia* 46 (1997), pp.13 - 61, and R. Sabbadini, *Storia del ciceronianismo e di altre questioni letterarie nell'età della rinascenza* (Torino, 1885).

10 See M. Benner and E Tengström, *On the Interpretation of Learned Neo-Latin*, Studia Graeca et Latina Gothoburgensia 39 (Gothoburgi, 1977) and L. Olschki, *Geschichte der neusprachlichen wissenschaftlichen Literatur*, 2 vols. (Lipsiae 1922).

11 Cicero's own words on the subject are worth reading (*De finibus*, 3.3; 3.10).

when is the use of non-antique or entirely new words appropriate? A clear guideline that could be applied to every situation would be difficult to formulate, since this is a matter that often depends on a judgement formed by experience and wide-reading, and depends on the exigencies of each case. In general, however, if we wish to discuss entities or concepts the like of which are discussed by no Roman or even medieval author, the use of newer words can be desirable. We think it is undesirable to allow our expression to become impeded by long and clumsy circumlocutions that are only an obstacle to understanding. Despite the classicizing impulse that produces such expressions, they often result in a web of words that is quite at odds with the qualities of Latin, or a truly Ciceronian approach to language.

New or recent words are not lacking, since many have been proposed by the lexicographers of the Vatican, or by advocates of 'Latinitas viva'.[12] Unfortunately, in the latter group a consensus has often been lacking, and different sub-groups have proposed different new words. Hence in various lexica one can find widely different words for the same entity. Synonyms are of course usual in any language and not a bad thing, but the confusion and even discord, which have sometimes been evident among the enthusiasts of 'living Latin', are less than productive. However, not a few of these lexica contain words that are based on good linguistic principles and precedents. Here we can only advise careful choice and voice the hope that greater consensus on new vocabulary may exist in future.

On some questions, however, that are connected with the expression of new concepts, a greater consensus does exist, and it will be worthwhile to consider some of these conventions briefly.

When discussing ways of computing and indicating time, we necessarily have recourse to either more recent vocabulary, or ancient words with more recent meanings. Our whole concept of time is quite foreign to that to the Romans. We do not divide our nights in 'vigiliae', as did the Romans. We do not, like the Romans, rely on sun-dials to measure hours. The Romans entirely lacked mechanical clocks, to say nothing of electronic ones. Hence the Romans could hardly conveniently divide their hours into minutes and seconds. But the words 'minuta, ae' or 'minutum, i', and 'secunda, ae', as referring to the divisions of the hour, are well established in early modern Latin texts.[13]

The Roman calendar hardly corresponds to our way of dividing months and years. In fact, various forms of computing years and dating already existed in late antiquity, especially as Christianity changed notions of time current in the Roman world. For example, the Romans of Cicero's day did not group days into weeks. This is a concept that only appears in Christian Latin. Hence Christian Latin will be the source for our word that expresses this concept, since we can hardly speak about our own world and frame of reference without occasionally mentioning the week. We may sometimes want to use the Roman calendar in school exercises, but we should be aware that the calendar to which we are

---

12 See, for example, *Lexicon recentis Latinitatis*, vol. I (in urbe Vaticana 1992), and vol. 2 (in urbe Vaticana 1992), or C. Helfer, *Lexicon auxiliare* (Saarbrücken, 1991).

13 J. Würschmidt, "Beitrag zu einem deutsch-lateinischen Wörterbuch physikalisch-mathematischer Fachausdrücke," *Societas latina* (1941), p. 72.

accustomed also has a long history of use by Latin writers. [14] And if we use expressions like "die mensis Iulii vicesimo tertio", we shall speak in perfect accord with the norms of classical grammar, and express our notion of date in a way that even a Roman could have understood.

When we want to express numbers, sometimes it may also be useful to take account of the conventions of modern Latin. Neo-Latin writers use the same words for numbers as ancient writers, and normally (except in the case of poetry, or simply careless writing) employ distributive numbers and numerical adverbs in exactly the same way as the Romans had done. Hence the properties of correct latinity are preserved. Only for expressing very large numbers were a few new words introduced by scientific Latin writers, since the Romans of Cicero's time could express such magnitudes only with difficulty, and in some cases hardly at all. For example, 'milio-onis', a word that may be either masculine or feminine, seems to have been first employed by medieval Latin writers[15] , a word that was undoubtedly more convenient than the Roman expression 'decies centena milia', which would have been even more intractable if multiplied. How could one easily perform calculations with such numbers as 'decies milies centena milia'? Hence more recent mathematicians, some of whom continued to write in Latin up into the nineteenth century, invented another word, which is 'billio-onis'.[16] It was from scientific and academic Latin that such words entered the vernacular languages.

Most of us have some familiarity with Roman numerical notation based on letter-forms. The system remained in use after the Roman empire. But it is worthwhile to keep in mind that Latin writers in the Middle Ages began to make extensive use of Arabic numerical signs, which were clearly far more convenient than the Roman numerals for indicating any large quantity. Medieval Latin writers who used the Arabic numerals typically indicated the case of a number with small superscript letters. For example "millesimo ducentesimo primo" would be signified, according to this system, as 1201°. Similarly, 1201[m] would mean the same as "millesimum ducentesimum primum".

Even the onset of humanism, with all its love for the antique, could not bring about the total restoration of Roman numerical signs. From the Renaissance on, a convention gradually developed that favored the use of Roman numerical signs in titles of books, chapters, and other headings, as well as in monuments and inscriptions, but otherwise

---

14 More can be learned about the various dating systems in use by writers of Latin since the Roman empire from the following sources: A. Cappelli, *Cronologia, cronografia, e calendario perpetuo* (ed. altera, Milan 1930); H. Grotefend, *Taschenbuch der Zeitrechnung des deutschen Mittelalters und der Neuzeit*, ed T. Ulrich (ed. decima, Hannover, 1960). A good example of a more recent way of indicating date in Latin can be found at the end of the preface to the *Ratio studiorum* of the Jesuit Order. "Datum Romae 8. ianuarii 1599." (*Ratio studiorum: Plane raisonné et institution des études dans la Compagnie de Jésus*, edd. A. Demoustier and D. Julia, trans. L. Albrieux and D. Pralon-Julia, notes by M.-M. Compère [Paris, 1997], p. 73).

15 *Glossarium mediae et infimae Latinitatis*, conditum a Carolo du Fresne domino du Cange, ed. L. Favre, tom. V, (Niort, 1885), p 389. In the Vatican lexicon this word appears as masculine (*Lexicon recentis Latinitatis*, tomus II [in urbe Vaticana], p. 45. In Helfer's dictionary the word is feminine (see *Lexicon auxiliare* [Saraviponti 1991], p. 374).

16 M. Kelsch, *De variis modis numerum enuntiandi* (diss., Aldorf, 1732), p.3. This word is said to be feminine (*Lexicon recentis latinitatis*, p. 93; Helfer, p. 126).

sanctioned the use of Arabic numbers according to the medieval method. In other words the Roman numerals were reserved for more formal usage.[17]

These are perhaps the most significant conventions of Latin expression that arose in the modern period, and that enabled Latin to maintain its role as a useful common language for so long. They are still observed by users of Latin today, and will be worth noting even by those who are just learning to write Latin.

---

17 On number notation, see M.-Th. d'Alverny, "Un nouveau manuel de paleographie médiévale," *Le moyen age* 81 (1975), pp. 507-14; G. F. Hill, *The Development of Arabic Numerals in Europe, exhibited in sixty-four Tables* (Oxford, 1915); B. Bischoff, "Die sogennanten 'griechischen' und 'chaldäischen' Zahlzeichen des abendländischen Mittelalters," *Scritti di paleografia e diplomatica in onore di Vincenzo Federici* (Florence, 1944), pp. 327-34.